VINCE EBERT wurde 1968 in Amorbach im Odenwald geboren und studierte Physik an der Julius-Maximilians-Universität Würzburg. Nach dem Studium arbeitete er zunächst in einer Unternehmensberatung und in der Marktforschung, bevor er 1998 seine Karriere als Kabarettist begann. Vince Eberts Anliegen: die Vermittlung wissenschaftlicher Zusammenhänge mit den Gesetzen des Humors. Seine Bühnenprogramme «Physik ist sexy» (2004), «Denken lohnt sich» (2007) und «Freiheit ist alles» (2010) machten ihn schnell als Wissenschaftskabarettist bekannt, der mit Wortwitz und Komik sowohl Laien als auch naturwissenschaftliches Fachpublikum unterhält. Ab November 2011 moderiert Vince Ebert die Sendung «Wissen vor 8 – Werkstatt» in der ARD.

Sein erstes Buch «Denken Sie selbst! Sonst tun es andere für Sie» stand zwei Jahre ununterbrochen auf der Bestsellerliste und hat sich über 400 000-mal verkauft. Jetzt begibt sich Vince Ebert auf die Suche nach der Freiheit.

Mehr über Vince Ebert erfahren Sie unter: www.vince-ebert.de
und auf facebook.com/Vince.Ebert

VINCE EBERT

MACHEN
SIE SICH FREI !

Sonst tut es keiner für Sie

Rowohlt Taschenbuch Verlag

FREIHEIT

DAS BUCH

Originalausgabe

Veröffentlicht im Rowohlt Taschenbuch Verlag,
    Reinbek bei Hamburg, September 2011

Copyright © 2011 by Rowohlt Verlag GmbH,
    Reinbek bei Hamburg

Ideen Vince Ebert, Dr. Eckart von Hirschhausen

Redaktion Andy Hartard, Susanne Herbert,
    HERBERT Management, Frankfurt a. M.

Umschlaggestaltung Esther Wienand (Foto: Frank Eidel)

Illustrationen-Ideen Vince Ebert, Dr. Eckart von Hirschhausen

Illustrationen-Umsetzung Esther Wienand, Sven Lipok

Satz Garamond PostScript, InDesign,
    bei KCS GmbH, Buchholz bei Hamburg

Druck und Bindung GGP Media GmbH, Pößneck

Printed in Germany

ISBN 978 3 499 62651 7

Inhalt

FREIHEIT
FÜR GRENZGÄNGER!

Dr. Eckart von Hirschhausen

Was wissen Ärzte schon von Freiheit? Ihr Ideal ist die Keimfreiheit. Aber die ist bekanntlich auch nur eine Illusion. Bei Ärzten soll man sich immer frei machen, am besten schon, bevor man überhaupt «Hallo» gesagt hat. In der Arztpraxis ist das übliche Praxis, vor der Praxis ist das strafbar. Sich frei zu machen ist also gar nicht so einfach. Vince Ebert hat es versucht. Und wie ich aus unserer langjährigen Freundschaft weiß: Er hat sich die letzten Jahre zum Sklaven dieses Themas gemacht. Die

Zwei befreundete Autoren, in unterschiedlicher Mission. Eckart sucht die Erleuchtung, Vince den Duft von Freiheit und Abenteuer.

Ein früher Selbstversuch von Vince, sich gegen die Gesetze des freien Falls aufzulehnen. Trampolin nicht im Bild, Landung auch nicht …

Fotos, die ich aus den dunkelsten Archiven zusammengesucht habe, zeigen, dass diese Mission schon seit seiner frühen Jugend nachweisbar ist. Gleichzeitig habe ich ihn in den letzten beiden Jahren so unfrei erlebt wie noch nie. Ständig musste er erst an das Bühnenprogramm denken und dann an dieses Buch. Er hat recherchiert, ungemein viele spannende Leute aufgesucht und befragt, vor allem aber hat er sich selbst nicht geschont, um die Grenzen der Freiheit und auch seine eigenen aufzuspüren. Es hat sich gelohnt! Man schreibt ja das Vorwort erst hinterher, wenn das Buch schon fertig ist. So gesehen habe ich Ihnen, liebe Leser, etwas Entscheidendes voraus: Ich weiß schon, worauf Sie sich freuen können! Entstanden ist eine ungewöhnliche Mischung aus witzigen Texten, großen Ideen und überraschenden Querverbindungen. Kein Einheits-Frei, sondern differenziert und vor allem immer wieder sehr lustig.

Ein gutes Buch löst eigene Gedanken aus – und Widerspruch. So teile ich zum Beispiel nicht Vince' uneingeschränkte Begeisterung über freie Marktwirtschaft und Globalisierung. Heute gibt es nur noch halb so viele Automarken wie vor zehn Jahren, und in weiteren zehn Jahren gibt es vielleicht nur noch einen einzigen Mega-Fusions-Automobilhersteller. Der baut dann lediglich zwei Modelle, und Sie müssen sieben Jahre vorher anmelden, wenn Sie ein Auto wollen. Ist das dann der Sieg des Kapitalismus? Die Ironie der Geschichte ist vielleicht, dass Konzerne heutzutage so groß werden, dass sie intern wieder so unbeweglich sind wie innerhalb einer Planwirtschaft. Ein schönes Beispiel: Volkswagen in Wolfsburg hat einen eigenen internen Postdienst gegründet, der die Briefe von einem ins nächste Haus bringen soll. Mir hat ein Mitarbeiter mal verraten: «Wenn es wirklich eilig ist, werfen Sie den Brief lieber in einen richtigen Briefkasten der Post – dann muss er zwar einen längeren Weg zurücklegen, kommt am nächsten Tag aber wenigstens an.»

Vielleicht wird jedes noch so engagierte Unternehmen ab einer bestimmten Größe zur Behörde. Aber dafür gibt es ja wieder eine Behörde, die darüber wacht, dass keine zu großen Monopole entstehen: das Kartellamt. Aber wenn das Kartellamt darüber wachen soll, dass keine Monopole entstehen, warum gibt es dann nur EIN Kartellamt?

Zumindest im religiösen Bereich sind die großen Kartelle dabei, auseinanderzubrechen. Religionsfreiheit bedeutet auch die Freiheit, von der Religion der anderen nicht weiter be-

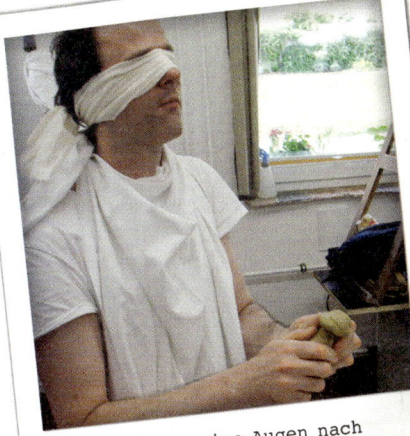

Vince öffnet seine Augen nach innen für die Kreativität.
Weitere Einsichten s. Seite 60

lästigt zu werden. Welcher Typ Mensch entsteht, wenn man die Gene eines Atheisten mit denen eines Zeugen Jehovas kreuzt? Jemand, der völlig sinnlos an deiner Tür klingelt. Momentan werden die Atheisten ja steuerlich begünstigt, weil sie keine Kirchensteuer zahlen. In Italien gibt es dafür eine sehr schlaue Lösung: Wer keine Kirchensteuer zahlen will, muss eine andere gemeinnützige Organisation benennen, der dann dieser Anteil an «Sozialabgaben» zufließt. Eine gute Kombination aus Freiheit und Wohl für die Gemeinschaft. Warum ginge das nicht auch in Deutschland? Dann würden sich die Kirchen auch wieder mehr Mühe geben, ihre Finanzen transparenter und ihren Sinn für die Gesellschaft plausibler zu gestalten. Aber wer will das schon ...

Ich bin ein Kind der Freiheit, ein Berliner. Wenn ich heute noch gefragt werde, ob ich aus Ost oder West komme, antworte ich gerne: «Aus dem amerikanischen Sektor!» Die Mauer hat

9

meine ganze Kindheit begleitet. Meine Seite war die mit den Graffiti. Und im Süden von Berlin gab es auch viele Kilometer Mauer, die selbst den Sprühern zu trostlos waren.

Wann haben Sie sich das letzte Mal darüber gefreut, dass Ihr kleiner Zeh nicht wehtut? Erst wenn man mal wieder damit an einem Tischbein hängengeblieben ist, weiß man, wie sehr er die Bewegungsfreiheit einschränken kann. Und wir genießen es, wenn der Schmerz nachlässt. So ist es auch mit der Freiheit. Wir gewöhnen uns an sie, als ob sie selbstverständlich wäre. Es muss erst wehtun, um sich daran zu erinnern, wie schön Freiheit sein kann. Freiheit macht die größte Freude, wenn die Mauer fällt, aber man darf nicht erwarten, dass man dann zwanzig Jahre lang durchtanzt. Wobei ich immer noch staune, wenn ich durch das Brandenburger Tor fahre – mit dem Fahrrad. Einfach so. Bis heute ist das für mich ein Wunder. Bis heute bin ich dankbar dafür. Besonders den Menschen, die daran geglaubt haben, als es sonst keiner mehr tat. In der Kirche, als Künstler und im Kabarett. Menschen, die nie ihre innere Freiheit und den Humor verloren haben, der dem System solche Angst machte.

Kennzeichen aller totalitären Herrscher und Regime ist ihre Humorlosigkeit und ihre Angst vor Satire, Karikaturen und Witzen. Heute leidet das Kabarett eher, weil man zwar alles sagen darf, aber keiner mehr zuhört und niemand an seine subversive

Vince ist offen für jeden, es sei denn, der hält sich nicht an die Gesetze der Physik.

Kraft glaubt. Eine der größten kulturellen Leistungen der letzten dreihundert Jahre ist die Tatsache, dass wir uns über alles lustig machen dürfen. Über die katholische Kirche, den Kommunismus, den Kapitalismus und hoffentlich auch noch im 21. Jahrhundert über den Islam. Während bei der Laudatio auf den Dänen Kurt Westergaard die Bundeskanzlerin und Joachim Gauck seinen Mut lobten, kreisten über dem Schloss Sanssouci zwei Hubschrauber, vier Präzisionsschützen wachten auf dem Dach und unzählige Polizisten schlichen um das Gebäude. Da witzelte der fünfundsiebzigjährige Karikaturist: «Die Männer vom Security Service, die mich die ganze Zeit über beschützen müssen, können froh sein, dass ich Zeichner bin und kein Winterschwimmer.»

Der Glücksforscher Ruut Venhoven weist eindeutig nach: Ökonomische, persönliche und politische Freiheit macht glücklich. Und bei aller Vergangenheitsverklärung gibt es keinen Hinweis auf positive Seiten von Unfreiheit. Deutschland Ost hat glückstechnisch aufgeholt, ohne zu überholen. Aktueller Stand auf der Skala von 1 bis 10: Ost: 6,77 / West: 7,13. Und dass wir gemeinsam als eines der reichsten Länder der Welt immer noch zufriedenheitstechnisch nie über das Mittelfeld hinauskommen, muss ja nicht so bleiben. Das nächste Mal, wenn jemand von einem Meinungsforschungsinstitut anruft – einfach mal behaupten, dass es so schlimm nicht ist. Wird das dann gedruckt, dürfen wir es auch endlich alle glauben. In alten wie in «neuen» Bundesländern.

Man muss nur dran glauben *wollen*! Wie aktuelle Studien bestätigten, beeinflusst die persönliche Meinung zur Willensfreiheit die Hirnaktivität und das Verhalten. Eine Gruppe von Probanden las in der «Zweiflergruppe» einen Text, in dem argumentiert wurde, sie sei «nichts weiter als eine Ansammlung von Nervenzellen». Die Kontrollgruppe las hingegen eine neutrale Passage über das Bewusstsein. Und siehe da: Die unbewussten EEG-Potenziale vor einer bewussten Handlung unterschieden sich. Der Zweifel am eigenen freien Willen berührt offenbar grundlegende Prozesse im Gehirn. Noch spannender war aber der Unterschied im Verhalten. Bei einer Matheaufgabe hatten die Forscher extra die Möglichkeit eingebaut, zu mogeln. Wer sich nur als Marionette seines Hirnes begreift, hat kein Problem damit, aktiv zu betuppen. In anderen Versuchen waren Menschen, die an ihren eigenen freien Willen glauben, anderen gegenüber deutlich hilfsbereiter als die, die es nicht taten. So ließen sie zum Beispiel andere ihr Mobiltelefon benutzen oder gaben Obdachlosen etwas Geld.

Sind Phyiker in freier Wildbahn überlebensfähig?

Ich bin da ganz pragmatisch: Wenn wir letztlich eh nicht wissen können, wie unser Hirn funktioniert, dann sind mir doch die Menschen mit einer positiven Illusion lieber als die rationalistischen Arschlöcher, die sich für nix verantwortlich fühlen und nachweislich unehrlicher, egoistischer und aggressiver reagieren. In der Studie taten sie anderen mit Absicht mehr Chili-Soße ins Essen, obwohl sie wussten, dass die das nicht mochten. Von der Sorte haben wir schon genug.

Oder, wie der Gehirnforscher Manfred Spitzer es formuliert: «Die Idee der Freiheit ist die Voraussetzung für gute Taten. Freiheit ist im besten Sinne des Wortes eine gute Idee!» So gesehen ist es mit dem freien Willen wie mit dem Humor. Es geht auch ohne – aber man hat definitiv mehr Freude im Leben, wenn man glaubt, man hat welchen.

In diesem Sinne, viel Freude mit diesem Buch, und wenn Sie es durchgelesen haben – setzen Sie es frei!

Eckart v. Hirschhausen

Der Dolchstoß mit dem Mikrophon –
der Beginn einer Legende.

PS: Mein Lieblingswitz zum Thema Freiheit und Wechsel der Perspektive: Ein Betrunkener läuft im Kreis um eine Litfaß-säule, tastet sie mit beiden Händen ab und ruft: «Hilfe, ich bin eingemauert!»

WAS IST FREIHEIT UND, WENN JA, WARUM?

Seit jeher ist die Sehnsucht nach Freiheit ein fundamentaler Drang. Jedes Lebewesen, das mehr als hundert Neuronen besitzt, möchte frei sein. Deswegen fliegen Mücken immer wieder gegen Fensterscheiben, rennen Katzen gegen Klappen und kaufen sich Sachbearbeiter im Innendienst eine Harley-Davidson.

Das Lebensgefühl der westlichen Welt oder, genauer gesagt, des nicht mehr ganz so Wilden Westens drückt sich in der Suche nach Freiheit und Selbstverwirklichung aus. Wie oft haben wir im Kino den Helden in die Abendsonne reiten sehen, ohne uns zu fragen, wie es ihm wohl drei Stunden später geht. Wenn das Pferd das Einzige bleibt, was ihn wärmt. In *Titanic* drängt der Lebenskünstler Leonardo di Caprio die verwöhnte Kate Winslet, sich zwischen Fremd- und Selbstbestimmung zu entscheiden. Okay, eigentlich wollte er nur mit ihr schlafen. Aber sie sollte in jedem Fall auf sich hören – auf ihr Herz und ihren Bauch. Und natürlich auf ihn. Puhh! Der Film war ein Riesenerfolg und kam, im Gegensatz zum Schiff in Amerika, sehr gut an.

Wer mich kennt, weiß: Ich finde alles spannend, was *nach* dem Abspann passiert. Hinter den Kulissen, hinter der Stirn, bei den Hintergedanken. In meinem letzten Buch, «Denken Sie selbst, sonst tun es andere für Sie», habe ich darüber nachgedacht, wie unterschiedliche Personen ihr Gehirn benutzen. Ich wollte wissen, was genau Denken ist, wie es sich entwickelt hat und warum wir uns so schwer damit tun. Doch eine zentrale Frage blieb unbeantwortet: Welche Grenzen hat das Denken selbst? Die Gedanken sind frei – ist das eine Illusion oder ein Volkslied? Oder beides? Und wie frei sind Volksmusiker?

Jede Menge Fragen, die genug Stoff bieten für ein neues Buch. Um der Freiheit auf den Grund zu gehen, bin ich gründlich vorgegangen und sammelte Erkenntnisse aus Philosophie, Naturwissenschaft und *Bunte*. Ich las Bücher von Neurobiologie bis Marktwirtschaft, doch je mehr ich recherchierte, desto verwirrter wurde ich. Wenn die Griechen die Freiheit für die westliche Welt entdeckt haben, warum sind sie heute pleite? Ist Freiheit ein Verlustgeschäft? Die östliche Welt sagt: Freiheit kann man nur durch Erleuchtung erlangen. Wieso verbietet die EU dann Glühbirnen? Warum geben so viele ihre Freiheit für die Ehe auf und sind noch unglücklicher, wenn sie wieder geschieden sind?

Freiheit ist ziemlich vielschichtig, auch historisch gesehen. Noch vor vierzig Jahren standen Wähler vor der Entscheidung «Freiheit statt Sozialismus», und trotzdem wurde Willy Brandt gewählt. Zwar mit deutlich weniger Prozent als der sozialistische Kollege Ulbricht – aber mit Zahlen hatten es die Sozis eh noch nie. Willy Brandt verkündete in seiner Regierungserklärung: «Wir wollen eine Gesellschaft, die mehr Freiheit bietet und mehr Mitverantwortung fordert.» Dabei war er gar nicht in der FDP!

Wir sind heute so frei wie nie zuvor, aber was wir daraus machen, ist unfreiwillig komisch. Werden dänische Karikaturisten mit dem Tode bedroht, reden wir von Toleranz und Respekt gegenüber anderen Kulturen. Doch wehe, der deutsche Nachbar trennt seinen Müll nicht ordentlich …

Freiheit ist für jeden etwas anderes. Zwar konnte ich nicht mit jedem reden, aber ich habe Menschen aufgesucht, die sich mit dem Thema theoretisch und praktisch beschäftigt haben. Dabei habe ich auch mich selbst nicht geschont: Ich begab mich hinter Klostermauern und lernte eine Welt kennen, die von außen sehr viel unfreier wirkt als von innen. Ich sprach mit Artur Fischer, der den gleichnamigen Dübel erfunden hat. Und mit Comtesse Nicole, die in ihrem SM-Studio viele Gerätschaften und Kunden an Wände zu hängen hat, sodass ich froh war, dass die Dübel hielten. Ich nehme Sie, liebe Leser, gerne in diese Welten mit und hoffe, dass Sie wie ich Freude daran haben werden, Querverbindungen zwischen Hirnforschern und Huren oder zwischen Bankräubern und Berufspolitikern zu entdecken. Lassen Sie sich überraschen. Ich jedenfalls wurde es oft. So wollte ich zum Beispiel mit der Nobelpreisträgerin Christiane Nüsslein-Volhard eigentlich über Freiheit in der Forschung sprechen, aber plötzlich redeten wir darüber, warum Fische schön sind und Angela Merkel besser Physikerin geblieben wäre.

All diese Freigeister und Freidenker werden Sie zwischen den Kapiteln kennenlernen. Sie haben meine Fragen beantwortet und neue aufgeworfen, die mich wieder zu weiteren brachten. Bei meiner Suche nach der Freiheit haben sie meine Vorstellung von diesem Begriff geformt, geschärft und verändert.

Jeder für sich wäre ein eigenes Buch wert gewesen. Aber damit Sie nur ein Buch kaufen müssen und nicht zwanzig, sind viele der unorthodoxen Gedanken, spannenden Anekdoten und dramatischen Erfahrungen dieser Menschen in meine eigenen Texte mit eingeflossen. Es ist unmöglich, intensive Gespräche von vielen Stunden auf ein paar Zitate zu reduzieren. Aber ich mach's trotzdem. Die Freiheit nehm' ich mir. Danke an dieser Stelle allen, die mir ihre Zeit geschenkt haben. Sie bekommen alle ein Freiexemplar!

So viel kann ich hier schon verraten: Es ist gar nicht so einfach, mit Freiheit umzugehen. Wir wollen uns so gerne in ihr einrichten, aber sie kommt nicht als Fertighaus, sondern als

Baukasten für Selbstabholer. Wir können zwar die Teile zusammenschrauben, wie wir wollen – aber so sieht das Ergebnis dann eben oft auch aus. Ich behaupte nicht, die perfekte Montageanleitung zu kennen, aber ein paar sachdienliche Hinweise zum Zusammenbau habe ich schon.

Sie müssen das Buch nicht lesen. Aber andere werden es tun! Und noch viel mehr Leute nicht. Zu welcher Gruppe wollen Sie gehören? In dem Film *Das Leben des Brian* der britischen Komikertruppe *Monty Python* gibt es eine wunderbare Szene, in der ein Mann auf einem Balkon zu einer Menschenmenge herunterschreit: «Ihr seid doch alle Individuen! Ihr seid doch alle völlig verschieden!» – «JAAA! Wir sind alle völlig verschieden!» Doch einer ruft: «ICH nicht!»

Ich wünsche Ihnen viel Spaß beim Lesen!

Vince Ebert, Physiker

DIE SUCHE NACH DER FREIHEIT BEGINNT BEI MIR SELBST. Ich weiß, nur der Esel nennt sich immer zuerst. Sagt meine Oma. Aber bei einem solchen Thema muss man eben mal mit Konventionen brechen.

Falls Sie mich noch nicht kennen, hier ein paar grobe Fakten: Ich habe Physik studiert, kann mich aber trotzdem ganz passabel anziehen, und obwohl ich als Komiker arbeite, ist es möglich, sich mit mir ernsthaft zu unterhalten. Das meint jedenfalls meine Exfreundin Gudrun. Ich lebe in Frankfurt mit Greti und Marie in einer offenen Beziehung. Zumindest, wenn die Katzenklappe nicht klemmt.

Tagsüber schreibe ich Bücher, abends gehe ich für mein Publikum auf der Bühne an die Grenzen der Belastbarkeit: Ich tanze, zaubere und stecke mir als Nichtraucher auch mal eine Kippe an. Natürlich immer unter streng wissenschaftlichen Aspekten.

Alles in allem liebe ich meinen Beruf. Eine tolle Sache, seine Meinung und seine Gedanken frei äußern zu können! Das war nicht immer so. Wenn Sie im Mittelalter nicht witzig waren, wurde nicht der Fernseher ausgeschaltet, sondern der Hofnarr. Das Schlimmste, was einem Komiker heute passieren kann, ist, dass ihm keiner mehr zuhört. Aber zum Glück lesen Sie ja dieses Buch. In der Hoffnung, dass meine Gedanken Sie auf neue Gedanken bringen. Das hoffe ich auch. Zur Überprüfung gibt es am Ende einen Freiheits-Check, der Ihnen zeigt, ob sich die Reise gelohnt hat. Aber bis dahin haben wir noch viel vor. Auf der ersten Etappe in Richtung Freiheit erfahren Sie etwas über meine dunkle Vergangenheit in der freien Wirtschaft, was ein Komikerleben mit Freiheit zu tun hat und warum ich nicht mehr in Autohäusern auftrete. Zumindest, solange Sie meine Bücher kaufen ...

....

KREATIVITÄT IST FREIHEIT. MAN SIEHT ETWAS,
WAS JEDER SIEHT, UND DENKT ETWAS,
WAS NOCH KEINER GEDACHT HAT.

Vince Ebert

....

1.

WAS MACHEN SIE EIGENTLICH BERUFLICH?

Vor etwa hundertfünfzig Jahren schloss sich der vierzehnjährige William Frederick Cody, besser bekannt als «Buffalo Bill», dem *Pony Express* an, weil er folgende Stellenanzeige las: «Junger Mann zum Mitreiten gesucht.» Kleiner Scherz. In Wirklichkeit lautete der Text: «Suchen dünne, drahtige Burschen nicht über achtzehn. Sie müssen erfahrene Reiter sein und willens, täglich ihr Leben zu riskieren. Waisen bevorzugt.»

Das waren noch Stellenausschreibungen, oder? Unter Ver.di undenkbar! Über mangelnde Bewerber konnte sich der *Pony Express* trotzdem nicht beschweren. Offenbar war der Traum von Freiheit und Abenteuer für Jungs wie Buffalo Bill wichtiger als ein sicherer Sachbearbeiterjob mit Gleitzeit, Kündigungsschutz und Riesterrente.

Auch ich werde oft gefragt, warum ich denn mit einem abgeschlossenen Physikstudium keinen «ordentlichen» Beruf ausübe und stattdessen auf der Bühne stehe. Immerhin sei eine solche Tätigkeit unsicher, mühsam und zumindest am Anfang extrem schlecht bezahlt.

Und dabei war ich auf einem so guten Weg! Nach meinem Studium begann ich als «Junior Consultant» in einer renommierten Unternehmensberatung. Einer Branche, in der traditionell Spaß und gute Laune großgeschrieben werden. Dunkler Anzug war natürlich Pflicht. Die Wahl der Krawatte ließ allerdings individuellen Spielraum: dezent-modische Streifen oder zurückhaltend-seriöses Karo. Auch die Arbeitszeiten waren sehr flexibel gestaltet, solange man zwischen neun und zweiundzwanzig Uhr anwesend war.

Besonders angetan hatten es mir die «flachen Hierarchien»: Jeder konnte offen sagen, was er dachte, und danach wurde gemacht, was der Chef wollte. Alles im vertrauten «Du», denn wir waren schließlich eine große Familie. Aber das waren die Corleones in dem Film *Der Pate* auch.

Der erste Experte, der die Arbeitszufriedenheit unter wissenschaftlichen Gesichtspunkten untersuchte, war der Psychologe und Arbeitswissenschaftler Frederick Herzberg. 1959 stellte er seine berühmte *Zwei-Faktoren-Theorie* vor. Im Rahmen dieser Studie befragte Herzberg Mitarbeiter nach Ereignissen, die zu hoher Zufriedenheit oder Unzufriedenheit geführt hatten, und wertete die Antworten statistisch aus. Dabei stellte er fest, dass ein entscheidendes Kriterium für Arbeitszufriedenheit nicht die Höhe des Verdienstes, die Karrierechancen oder die Arbeitsplatzsicherheit ist, sondern der Grad an Selbstbestimmtheit. Wer sich dagegen in seinem Beruf unfrei und gegängelt fühlt, kann eine noch so lukrative Tätigkeit haben – er wird dennoch nicht besonders glücklich damit sein.

Natürlich ist Selbstbestimmtheit eine ganz individuelle Sache. Der eine braucht die Sicherheit einer Festanstellung, um sein Potenzial auszuschöpfen, ein anderer kann dies nur in der Selbstständigkeit.

Ich jedenfalls erkannte ziemlich schnell, dass ich nicht der Typ für die Unternehmensberatung war. Feste Arbeitszeiten, geregelte Pausen, starre Zielvorgaben – selbst das Lockersein wurde per «Casual Friday» angeordnet. Meine einzige Freiheit bestand in der Schriftgröße meiner Power-Point-Präsentationen. Da gab ich dann aber richtig Gas!

Überhaupt entdeckte ich bei den Kundenpräsentationen

mein kabarettistisches Talent. Ich baute in meine Folien immer wieder kleinere Scherze über das jeweilige Unternehmen ein. «Du, Vince ...», nahm mich mein Chef irgendwann mal freundschaftlich beiseite, «hast du eigentlich schon mal darüber nachgedacht, deinen kreativen Output in einem anderen Berufsfeld einzusetzen?»

Zwei Wochen später stand ich auf der Straße. Als Pantomime. Ich schneiderte mir ein goldenes Gewand und stellte mich samstagmorgens in die Einkaufsstraße meiner Heimatstadt. Um mich auf die Rolle einzustimmen, trank ich drei Tage vorher nur stilles Wasser. Doch offenbar traf meine Performance nicht ganz den Geschmack des einheimischen Publikums. Kopfschüttelnd gingen die Passanten an mir vorbei. Nach etwa einer Stunde stand auf einmal mein Vater vor mir und fragte entsetzt: «Was soll dieser Blödsinn? In so einem Aufzug bewegungslos in der Gegend rumzustehen?» Auf meinen Erklärungsversuch, das verstünde er nicht, das sei Kunst, erwiderte er nur: «Seit wann ist Bewegungslosigkeit Kunst? Ich arbeite seit zwanzig Jahren im Finanzamt. Und im Gegensatz zu dir kann ich davon leben. So sieht's aus!»

Aber ich fühlte mich zum ersten Mal seit langem wieder frei. Nach insgesamt drei Jahren der Selbstkasteiung versuchte ich mein Glück im Showgeschäft. Mit Feuereifer schrieb ich erste Texte, nahm Schauspielunterricht und bewarb mich bei Kleinkunstbühnen, Stadtfesten und Möbelhauseröffnungen. Ein harter, steiniger Weg, aber zumindest sagte mir keiner mehr, was ich zu tun und zu lassen hatte. Ähnlich wie Buffalo Bill reizte mich das Unangepasste. Das schrieb mir auch mein ehemaliger Chef so ähnlich in mein Arbeitszeugnis. Aus lauter Dankbarkeit schaltete ich daraufhin in der Tageszeitung eine Kleinanzeige mit dem Wortlaut: «1000 TÜV-Plaketten kostengünstig abzugeben!» – darunter seine Telefonnummer.

Mein erstes größeres Engagement im Showgeschäft war das zehnjährige Firmenjubiläum eines Autohauses in Offenbach. Aus künstlerischer Sicht eine echte Herausforderung, denn Autohäuser sind ja nicht gerade für ihre intime, heimelige Atmosphäre bekannt. Gefliester Boden, gekachelte Wände – der unaufdringliche Charme einer pathologischen Abteilung.

Hinzu kam, dass man die liebevoll mit Luftballons, Alufelgen und Sportlenkrädern dekorierte Bühne strategisch geschickt schräg hinter eine massive Betonsäule positioniert hatte. Zwei Tausend-Watt-Baustrahler zauberten eine romantisch-diffuse Lichtstimmung in die pittoreske Autohalle.

Das vom Juniorchef eigens installierte Mikrophon klang, als nähme man die eigene Stimme mit einem Diktaphon auf und spielte sie dann über den Lautsprecher einer Bahnhofsanlage ab – und das alles unter Wasser.

«Wenn die Halle erst ema mit Leut' voll is, hört sich des subber an!», beruhigte mich der ausgebuffte Veranstaltungsprofi. Er sollte recht behalten. Als er um etwa siebzehn Uhr die ersten Gäste über das Mikrophon begrüßte, gesellten sich zu dem krächzend-verzerrten Ton auch noch unangenehm pfeifende Rückkopplungen hinzu.

Mein Auftritt war gegen zwanzig Uhr geplant. Laut Vertrag sollte ich fünfundvierzig Minuten lang den Saal zum Kochen bringen. Ich hatte noch gute drei Stunden Zeit, um mein erstes Backstagefeeling zu genießen: in einem ungeheizten Raum, in dem das Autohaus sein Altöl lagerte. Zum ersten Mal konnte ich die Erzählungen meiner Oma über die bangen Stunden im Luftschutzkeller nachvollziehen. Ich dachte kurz zurück an den klimatisierten Besprechungsraum meines früheren Arbeitgebers, mit Schnittchen, frischem Obst und Erfrischungsgetränken. Vielleicht wird Freiheit ja doch überbewertet?

Kurz vor dreiundzwanzig Uhr betrat der Seniorchef mit geschätzten 3,8 Promille die Bühne und kündigte mich professionell und einfühlsam an: «Liebe Kolleschen! Mir komme jetzt zum absolute Höhepun ...» Suchend wandte er sich an seinen Sohn und lallte: «Du, Jürgen, was macht'n der eischentlich?» Und Jürgen antwortete: «Der erzählt Witze, Papa!» Sichtlich enttäuscht fuhr er fort: «Also ich persönlich hätt' ja liebär enn Zauberer gehabt ... Herr Everts, könne Sie eischentlich auch zaubärn ...?»

Unnötig zu sagen, dass mein Auftritt ein völliges Desaster war. Die sturzbetrunkene Belegschaft ignorierte meinen Vortrag komplett und grölte stattdessen lautstark «Da steht ein Pferd auf dem Flur!». Nach zwanzig endlosen Minuten gab ich auf. Auch das interessierte natürlich keinen der anwesenden Komatrinker.

Später zahlte mir der Juniorchef die vereinbarte Gage mit den Worten aus: «Tja, Ihr Vortrag kam ja nicht sooo toll an ...» Ich nahm wortlos das Geld. Als ich fast aus der Tür war, rief mir sein Vater hinterher: «Herr Everts, was mache Sie eischentlich beruflich ...?»

Seit nunmehr vierzehn Jahren toure ich durch Deutschland und kenne fast jeden noch so entlegenen Zipfel dieses Landes, alle Theater und Bürgerhäuser, und gefühlt jeden Landgast- und Bahnhof. Am Geschmack einer Bockwurst kann ich mittlerweile blind die dazugehörige Autobahnraststätte erkennen, und ich weiß, wo die fiesesten Radarfallen stehen.

Über die Faszination der Unterhaltungsbranche gibt es einen schönen Witz: Ein Mann liegt beim Psychologen auf der Couch und beklagt sich, dass er kein Glück bei Frauen hat. «Das wundert mich nicht», sagt der Therapeut. «Sie riechen bestialisch.» Nickend erklärt der Mann: «Ich weiß, das liegt an meinem Job. Ich arbeite im Zirkus, wo ich hinter den Elefanten herlaufe und ihren Kot einsammle. Ich kann mich so oft waschen, wie ich will, ich werde den Gestank nicht los.» – «Dann müssen Sie sich eben eine andere Arbeit suchen.» – «Sind Sie verrückt?», fragte der Mann. «Ich soll allen Ernstes das Showbusiness verlassen???»

Oft hat meine berufliche Freiheit Grenzen. Zu wissen, dass man am einundzwanzigsten März des übernächsten Jahres um zwanzig Uhr auf einer Kleinkunstbühne im hintersten Westerwald steht, eröffnet nicht unbedingt Freiräume. Und wenn morgens um sieben in einem Landgasthof in Ostwestfalen die vietnamesische Putzfrau im Zimmer steht und mit schriller Stimme ruft: «Mache jetzt Minibar auffülle – um neun müsse Zimmer räume ...», dann ist das auch nicht unbedingt das Glitzer- und Glamourleben, von dem ich anfangs geträumt habe.

Aber ich habe die Freiheit, mich morgens um elf unrasiert mit Jeans und T-Shirt in ein Café zu setzen und meine Gedanken über Freiheit zu Papier zu bringen. Ich bin mein eigener Chef, treffe alleine Entscheidungen, und selbst montags ist Casual Friday, wenn ich will.

Das Befriedigendste an meinem Beruf ist, dass ich mit meinen Gedanken Menschen Freude bereiten kann und dafür auch noch Geld bekomme. Als Komiker blickt man jeden Abend in freundliche, erwartungsvolle Gesichter (Offenbacher Autohäuser ausgenommen). Und dieses Gefühl ist nicht hoch genug einzuschätzen.

Neulich wurde ich sogar von meinem alten Arbeitgeber aus der Unternehmungsberatung für eine interne Veranstaltung gebucht. Mein Auftritt kam super an. Das, was ich sagte, hätte mir damals sicher eine Abmahnung eingebracht – heute bekomme ich dafür Applaus. Das ist Narrenfreiheit.

Nach der Show kam ich mit meinem damaligen Chef ins Gespräch. In den letzten Jahren hatte er eine Bilderbuchkarriere hingelegt und es in der flachen Hierarchie nach ganz oben geschafft. Als ich ihn fragte, ob er seinen Vorstandsposten denn erfüllend und befriedigend fände, antwortete er: «Tagsüber ist es schon stressig, aber nachts schlafe ich wie ein Baby. Alle zwei Stunden wache ich auf und weine ...»

WENN NARRENFREIHEIT
ZU WEIT GEHT

>>>>> WENN ICH AUF MEIN BISHERIGES BERUFSLE-
BEN BLICKE, kann ich mit gutem Gewissen sagen:
Ich habe keine größeren Fehler gemacht. Im Gegenteil. Die
meisten meiner Entscheidungen haben sich rückblickend als zu-
friedenstellend erwiesen: Die Entscheidung, nicht in die Wissenschaft zu gehen, sondern ins Wissenschaftskabarett; mein
desaströses Intermezzo in der Unternehmensberatung; selbst
die vielen absurden Auftritte in Möbelhäusern, auf Weihnachts-
märkten oder auf Sanitärmessen waren lehrreiche Erfahrungen.

Aber wie frei war ich in diesen Entscheidungen? Sie merken
schon, wohin der Hase läuft. Es geht um das Thema «Freier
Wille». Darüber haben sich schon große Geister wie Kant,
Schopenhauer und Descartes den Kopf zerbrochen. Ich wollte
sie direkt befragen, leider hat meine knallharte Recherche etwas Erschütterndes zutage gebracht: Sie sind tot. Mussten sie
sterben, weil sie zu viel wussten? Die Debatte um den freien
Willen ist jedenfalls alles andere als tot. Sie ist sogar hochaktu-
ell. In einem Interview las ich: «Die Hirnforschung hat sich in
den letzten fünfunddreißig Jahren irrsinnig entwickelt und ich
habe die Entwicklung mitmachen können. Und das ist überhaupt das Spannendste, was es gibt. Dass man eine Wissenschaft explodieren sieht und mittendrin ist. Ich hatte die Möglichkeit, das machen zu können, wovon man träumt.» Ich war
neugierig geworden auf den Mann, der dies gesagt hat: Gerhard
Roth, Professor am Institut für Hirnforschung an der Uni Bre-
men und *die* Koryphäe zum Thema «Freier Wille».

Schon beim Betreten des Instituts schwante mir, warum gerade hier an neuronalen Prozessen geforscht wird. Man braucht
nämlich einen IQ von mindestens hundertdreißig, um sich in
dem Labyrinth von Gebäude zurechtzufinden. Fünfzehn Minuten bin ich herumgeirrt – dann orientierte ich mich einfach
an den Ratten. Die kennen sich in Labyrinthen am besten aus.

Das Büro von Gerhard Roth sieht genauso aus, wie man sich ein Büro von einem Hirnforscher vorstellt: Berge von Büchern auf schmucklosen Regalen, zahllose Veröffentlichungen und Notizen, die auf dem großen Schreibtisch am Fenster verstreut sind und – natürlich – das obligatorische zerlegbare Plastikgehirn, das zwischen zwei gebrauchten Kaffeetassen und einer Packung Schokoplätzchen auf einem kleinen runden Holztisch herumsteht. Und als mir Gerhard Roth persönlich einen Kaffee machte, waren wir schon mitten im Thema: Hat er sich jetzt meinem Willen unterworfen oder seinem? Oder dem der Gesellschaft?

....

FREIHEIT HAT NICHTS DAMIT ZU TUN, OB JEMAND AUF EINER BIOCHEMISCHEN EBENE FREI ENTSCHEIDEN KANN, SONDERN DAMIT, DASS ER SEINEN WILLEN, WIE IMMER DER AUCH ZUSTANDE KAM, VERWIRKLICHEN KANN. DIE AUSWAHL MACHT UNS FREI.

Prof. Dr. Dr. Gerhard Roth

....

Prof. Dr. Dr. Gerhard Roth, Hirnforscher

DIE BIOCHEMIE
HAT ANGEFANGEN!

2.

«Die Gedanken sind frei» lautet ein bekanntes Volkslied. Aber sind sie das wirklich? Haben wir tatsächlich die Freiheit, das zu denken, was wir denken wollen? Und wenn dem nicht so ist, können wir damit leben?

René Descartes, französischer Philosoph und Mathematiker, war davon überzeugt. Er glaubte, dass wir vollkommen rationale und logisch denkende Wesen sind. Entscheidungen fällen wir seiner Ansicht nach, indem wir uns bewusst mit Alternativen auseinandersetzen und sorgfältig das Für und Wider abwägen. Doch das Leben zeigt uns täglich, dass wir ziemlich irrational handeln.

So verwandeln sich zum Beispiel viele Frauen bei dem banalen Thema Ernährung in Karikaturen menschlicher Wesen, weil sie auf einer tiefen instinktiven Ebene nicht in der Lage sind, die Verbindung zwischen Kalorienzufuhr und Gewichtszunahme herzustellen. Stattdessen setzen sie sich mit einer Schüssel Guacamole auf die Couch und sagen: «Okay, das ist zwar Fett, aber es ist diese gute Fettart.» Blödsinn. Das einzig «gute» Fett ist der Hintern von Jennifer Lopez. Da kann man noch so lange hingucken – man wird nicht dick. Ich habe das experimentell überprüft. Sogar mehrfach!

Der Streit über die Frage, ob der Mensch in seinem Verhalten frei ist oder der freie Wille nur pure Einbildung, dauert nun schon Jahrhunderte. Platon glaubte, wenn es gelänge, die Vernunft über das Gefühl dominieren zu lassen, könne der Mensch frei werden und sein Leben in Glück und Harmonie führen. Jean-Paul Sartre ging wie Descartes von der absoluten Willensfreiheit aus und war überzeugt: «Der Mensch ist dazu verdammt, frei zu sein» (im Gegensatz zum Parkplatz). Schopenhauer wiederum hielt das für Quatsch: «Der Mensch kann wohl tun, was er will, aber er kann nicht wollen, was er will.»

Doch welcher dieser großen Denker hatte nun recht? Als ich neulich auf einer Party einem Philosophen diese Frage stellte, schaute er mich verwundert an: «Wie? Wer recht hat? Das ist eine vollkommen unphilosophische Frage.»

Um herauszufinden, ob an Behauptungen etwas dran ist oder nicht, kommt man an den Naturwissenschaften nicht vorbei. Denn das Grundprinzip der Naturwissenschaft ist die Überprüfung von Vermutungen durch das Experiment. Ein Biologe beobachtet eine Fliege, klatscht in die Hände, und die Fliege fliegt davon. Dann nimmt er eine zweite Fliege, reißt ihr die Flügel aus, klatscht wieder in die Hände und erkennt: Die Fliege wurde durch das Ausreißen der Flügel taub. So funktioniert Wissenschaft. Deswegen sind es inzwischen nicht mehr Philosophen, sondern Neurowissenschaftler, Biochemiker und Hirnforscher, die fundierte Aussagen über die Willensfreiheit des Menschen machen.

Eines der ersten naturwissenschaftlichen Experimente dazu wurde 1979 von Benjamin Libet durchgeführt. Der Neurobiologe konnte nachweisen, dass in dem Moment, in dem wir willentlich beschließen, unseren Arm zu heben, unser Gehirn schon längst entschieden hat, diese Bewegung auszuführen.

Dieses Phänomen findet sich übrigens auch in unserer Geschichte wieder: Es gab mal eine Zeit, in der viele Deutsche den Arm gehoben haben – und danach hat sich jeder gefragt: Wer wollte das eigentlich?

Ist etwa alles, was wir tun, neurologisch vorbestimmt? Sind wir lediglich ein komplizierter Chemiebaukasten auf zwei Beinen? Ein Molekülsalat, der sich hochnäsig einbildet, ein frei denkendes Wesen zu sein? Könnte ich also theoretisch meinem Nachbarn die Fresse polieren und danach sagen: «Ich kann nichts dafür. Das war mein Hirn! Die Biochemie hat angefangen ...»?

Die heutige Wissenschaft beantwortet diese Frage mit einem eindeutigen Jein. Natürlich hat Benjamin Libet nur eine spontane, motorische Bewegung untersucht und keine komplexe Lebensentscheidung, die möglicherweise nach ganz anderen Kriterien getroffen wird. Die Erkenntnis, dass mein Nachbar ein unsympathischer Stinkstiefel ist, erfordert etwas mehr als das streng logische Zusammenwirken von Neurotransmittern, Hormonen und Synapsen. Der unbewusste Wunsch, ihm eins überzubraten, bedeutet nicht, dass ich ein Sklave meiner Hirnchemie bin.

Dennoch hat die moderne Hirnforschung mit neuen, bildgebenden Verfahren immer wieder gezeigt, dass unsere Vorstellung von der absoluten Willensfreiheit stark übertrieben ist. Aber das wusste Schopenhauer schon vor zweihundert Jahren. Einmal fragte ich einen Neurobiologen, ob er Tee oder Kaffee möchte, und er antwortete: «Ich glaube nicht an den freien Willen, deswegen warte ich einfach ab und gucke, was ich bestelle ...»

Ob uns das gefällt oder nicht, aber die meisten unserer Entscheidungen haben mit Rationalität und Willensfreiheit relativ wenig zu tun. Und wenn Sie das nicht glauben, dann schauen Sie einfach mal unauffällig Ihren Partner an.

Ein weiterer Grund, dass wir in unseren Entscheidungen nur halb so frei sind wie wir annehmen, liegt in der Konstruktionsweise unseres Gehirns. Die menschliche Gefühlszentrale, das *limbische System*, ist nämlich wesentlich mächtiger als die Großhirnrinde, der Sitz unseres Verstandes. Evolutionsbiologisch macht das auf jeden Fall Sinn. Wenn früher der Säbelzahntiger in die Höhle gekommen ist, wäre es relativ unklug gewesen, erst mal drüber nachzudenken, ob das nicht vielleicht der Nachbar ist, der von einem lustigen Kostümball kommt. Beim Anblick einer bedrohlichen Situation – egal ob Feuer, Tiger oder Versicherungsvertreter – dauert es etwa zweihundert Millisekunden, bis diese Information das limbische System erreicht. Noch bevor wir einen einzigen klaren Gedanken fassen können, rennen wir bereits zur Tür. Die Amerikaner haben diesen Reflex sogar zum Lebensmotto erkoren: shoot first – ask questions later.

Wenn es um Gefahren geht, arbeitet unser Verstand am liebsten auf Energiesparlevel. Weist man zum Beispiel Patienten vor einer Operation auf eine Überlebenschance von achtzig Prozent hin, entscheiden sich doppelt so viele für den Eingriff, als wenn man sie mit einem Sterberisiko von zwanzig Prozent konfrontiert. Obwohl beide Aussagen die gleiche Information beinhalten, hat die Art der Formulierung eine direkte Auswirkung auf unsere Einschätzung. Jeder, der im Marketing arbeitet, weiß um diesen Effekt. Wenn bei einem Bauern die Hälfte der Kühe sterben, sagen PR-Profis: Wir haben die Kosten um fünfzig Prozent gesenkt.

Die evolutionär verankerte Angst vor lebensbedrohlichen Situationen ist übrigens auch der Grund, weshalb wir viel besser Gesichter wiedererkennen können, als uns die Namen dazu zu merken. Es ist einfach wesentlich wichtiger, einen Freund von einem Feind unterscheiden zu können, als zu wissen, ob er Wladimir oder Vitali heißt. Logisch. Weil ein Wladimir einem genauso gut den Schädel einschlagen kann wie ein Vitali.

Der Teil unseres Gehirns, der diese schnellen und einfachen Schlüsse zieht, heißt *adaptives Unterbewusstsein*. Eine Art Supercomputer, der blitzschnell Millionen von Daten verarbeitet, die auf uns einströmen und die wir zum Überleben benötigen. Im Gegensatz dazu ist unser bewusster Verstand ziemlich langsam. Pro Sekunde kann er gerade mal fünfzig Bits verarbeiten. Das entspricht in etwa der Taktfrequenz eines Internetanschlusses zu Zeiten Friedrichs des Großen. Fast alle Entscheidungen, die wir fällen, treffen wir anscheinend nicht bewusst.

Denn unser Bewusstsein ist nicht nur langsam, sondern benötigt auch achtzig Prozent der im Hirn verbrauchten Energie. Kein Wunder, dass es – wann immer es geht – auf Autopilot schaltet. Wie in so manchen Unternehmen auch, versucht unsere Schaltzentrale das bewusste Denken zu vermeiden, indem es den ganzen lästigen Kram in untere Abteilungen delegiert.

Je besser man zum Beispiel irgendetwas kann, desto dauerhafter sinkt dieses Wissen von der Großhirnrinde in die sogenannten *Basalganglien* ab. Von dort gibt es praktisch keinen Weg zurück ins Bewusstsein. Deswegen kann auch niemand wirklich sagen, wie er auf dem Fahrrad die Balance hält, Treppen steigt, Geige spielt oder einen Konzern leitet. Aus Sicht des Gehirns ist Bewusstsein unnötiger Luxus.

Obwohl in den unteren Abteilungen hocheffektive Pentium IV-Prozessoren unerkannt die ganze Arbeit erledigen, gehen wir stillschweigend davon aus, dass die mittelalterliche Rechenmaschine, die wir Vorstand – pardon! – Verstand nennen, alle Fäden in der Hand hat.

Warum aber haben wir trotzdem das Gefühl, rational und frei entscheiden zu können? Wie konstruiert unser Gehirn so etwas wie Bewusstsein? Und warum versuche ich seit nunmehr fünf Jahren, ab morgen früh joggen zu gehen?

Der Gehirnforscher Gerhard Roth erklärt dieses Phänomen folgendermaßen: «Bevor wir etwas tun, entwirft unser Gehirn zunächst eine Voraussage von dem, was passieren wird. Wenn wir das dann tun, wird mittels einer komplizierten Rückmeldungsschleife die Voraussage unseres Gehirns mit der tatsächlichen Tat verglichen. Bei Übereinstimmung meldet unser Hirn: Alles okay. Ich habe das getan, und ich wollte es so!»

Genau dann fühlen wir uns frei. Aber warum ist uns unsere vermeintliche Willensfreiheit so wichtig? Gerhard Roth ist davon überzeugt, dass sie einen fundamentalen Antrieb für unser Leben darstellt. Menschen, die das Gefühl haben, nicht frei handeln zu können, leiden tatsächlich, zum Beispiel im Rahmen einer Sucht oder einer Zwangsstörung. Wir brauchen das Gefühl, Herr oder Frau unseres Hirns zu sein. Sobald wir nicht mehr zwischen eigenen und fremden Gedanken unterscheiden können, ist der Wahnsinn nicht mehr weit. So wie bei vielen Jugendlichen, denen in letzter Zeit immer wieder Stimmen sagen, andere wollten ihre Stimme hören. Und die sich dann bei DSDS bewerben.

Doch wir können die Bedingungen unseres Willens nicht durchschauen. Unser Verstand ignoriert einfach die Tatsache, dass er durch die weiter unten liegenden limbischen Bereiche kontrolliert und beeinflusst wird. Oder wie meine Oma es etwas salopper ausdrückte: «Unterbewusstsein ist das, wo der Mensch nix für kann.»

Ohne diesen emotionalen Autopiloten wären wir eine Maschine. Doch glücklicherweise ist der Mensch kein Computer. Manches kann der besser, anderes schlechter. Einen guten Freund aus sechzig Metern von hinten zu erkennen fällt uns leicht. Der Computer kann das nicht, er hat keinen guten Freund. Dafür kann er blitzschnell 223 mit 57 multiplizieren. Ein Mensch, der das kann, hat meist auch keinen guten Freund.

Und auch wenn der Supercomputer *Deep Blue* 1996 den Schachweltmeister Garri Kasparow schlug, ist er doch nicht zu beneiden. Konnte er sich darüber freuen? Hatte er jemand zum Anstoßen? Gab es abends ein Buffet mit lauter Festplatten? Nein, *Deep Blue* hätte noch nicht mal sagen können, ob er lieber Mozart oder Bach mag. Okay, das können neunzig Prozent der Bevölkerung auch nicht.

Das menschliche Gehirn wurde eben nicht dafür gemacht, mathematische Probleme zu lösen, Diätratgeber zu befolgen oder beurteilen zu können, ob Hedge-Fonds sinnvolle Anlageobjekte sind. Neunundneunzig Prozent unserer Entwicklungsgeschichte verbrachten wir in kleinen Nomadenverbänden. Deswegen fürchten wir uns immer noch vor Spinnen, aber nicht vor Steckdosen. Fast zweihunderttausend Jahre lang waren wir auf einem primitiven, lebenslangen Campingurlaub. Evolutionsbiologisch sind wir also alle Holländer. Das ist nicht schön.

Wie dem auch sei, wir sind emotionale und allein dadurch schon unfreie Wesen. So ähnlich wie SAT.1: *Powered by Emotion*.

Viele unserer Entscheidungen laufen unbewusst ab. Wir haben keinen absolut freien Willen. Und das ist gut so. Denn wenn wir alles einer rationalen Prüfung unterziehen würden, würde nie etwas vorangehen. Mein Nachbar brauchte drei Monate, um sich zwischen zwei Digitalkameras zu entscheiden. In dieser Zeit verpasste er Hunderte von Momenten, in denen er hätte Fotos machen können. Und als er sich dann endlich für ein Modell entschieden hatte, gab es das nicht mehr.

>>>>> OFFENBAR IST DIE SACHE MIT DER FREIHEIT GAR NICHT SO EINFACH. Professor Roth zeigte mir an seinem Plastikgehirn den Bereich, in dem das Gefühl der Freiheit entsteht – doch was bedeutet das schon? Macht uns allein das Gefühl, frei zu sein, schon frei? Oder ist diese Art der Freiheit eine Illusion? Schwer zu sagen. Neulich sagte mein Nachbar: «Am freiesten fühle ich mich, wenn ich zwei Flaschen Wein im Schädel habe.» Mit «Gefühlen» braucht man mir gar nicht erst zu kommen! Als Naturwissenschaftler suche ich Fakten.

Andererseits liegt im Wein angeblich die Wahrheit. Ich weiß, ich weiß. Alkohol ist keine Lösung – aber wenigstens ein Lösungsmittel! Wenn aus neurologischer Sicht «Freiheit» ein recht vager Begriff ist, muss ich mich eben erst mal mit der Unfreiheit beschäftigen. Und was kann es Unfreieres geben als die Sucht?

Praktischerweise habe ich einen Suchtexperten in meinem Bekanntenkreis: meinen alten Freund Teo. Der schreibt sich

Teo, Exdrogenabhängiger

jetzt tatsächlich so. Das «h» und das «dor» musste er in einer Zeit verkaufen, in der er nichts mehr hatte außer seinem Namen. Teo nahm fast zwanzig Jahre lang Drogen. LSD, Kokain, Medikamente und Alkohol in rauen Mengen. Der medizinisch korrekte Begriff heißt *Polytoxikomanie*. Oder anders gesagt: Viele Gifte verderben das Hirn. In der Szene galt er definitiv als exzessiver Konsument. Inzwischen ist er seit über fünfzehn Jahren clean. Als ich ihn anrief und ihm von meinem Projekt erzählte, meinte er lachend: «Mit dem freien Willen ist das ja so ne Sache – ob's den überhaupt gibt, und wenn ja, wer darüber verfügt. Eigentlich wollte ich damals hauptsächlich die Welt verstehen. Und mein Glaube war: Ich muss alles auf der Welt testen, um es verstehen zu können.»

WENN ICH ES HINBEKOMME, FÜR MICH UND MEINE KLEINE FAMILIE VERANTWORTLICH ZU SEIN – DANN FÜHLE ICH MICH FREI.

Teo

DER GESCHMACK VON FREIHEIT UND ABENTEUER

3.

Jeder, der irgendwann mal bewusstseinserweiternde Substanzen zu sich genommen hat, weiß: Drogen führen zu keinem Ziel, aber die Fahrt dorthin kann landschaftlich sehr reizvoll sein.

Danach kommt allerdings die große Ernüchterung. Was sagen zwei Techno-DJs, denen die Pillen ausgegangen sind? « Mach doch mal die blöde Musik aus! »

Nach Schätzungen des UN-Drogenberichts nehmen mehr als zweihundert Millionen Menschen mindestens einmal im Jahr illegale Drogen. Fünfzehn Prozent davon sind in irgendeiner Form davon abhängig. Von den legalen Mittelchen gar nicht erst zu sprechen. Viele trinken so lange auf die Gesundheit anderer, bis sie ihre eigene ruiniert haben. Nach Umfragen der Hauptstelle für Suchtfragen gelten in Deutschland 1,3 Millionen Menschen als alkoholkrank. Und das sind eher zu niedrig angesetzte Schätzwerte. Besonders Vieltrinker schummeln ihre real existierende Schlagzahl bei Umfragen gerne runter. « Ach, ab un zu mal 'n Piccolösche, für'n Blutdruck. » Der Großteil der Hochkonsumenten sagt erst gar nicht aus, weil er gerade im Koma liegt.

Diejenigen, die noch (oder wieder) sprechen können, benennen gute Gründe, so auch mein Freund Teo: « Spaß, Exzess und Verbrüderungen mit völlig Fremden! Sich gehen lassen und von allen Störgefühlen befreien. »

Drogen und Suchtmittel sind hochgefährlich, keine Frage. Wenn Sie beispielsweise bei Tempo 170 mit einer Flasche Bier in der Hand einschlafen, ist ruck, zuck die Hose versaut. Auch Heroin ist nichts für Drückeberger. Vor allem weil die Fix-Kosten so hoch sind.

Viele glauben, das Wort SUCHT sei verwandt mit dem Wort SUCHE. Ein weitverbreiteter Irrtum, dem besonders gerne intellektuelle Trinker anhängen, die ihre Exzesse akademisch rechtfertigen wollen. «Ich hab' doch nicht gesoffen – ich war nur auf der Suche nach Inspiration …» Tatsächlich leitet sich SUCHT vom althochdeutschen SIECHEN ab, was so viel bedeutet wie «lang anhaltend leidend». Mit Freiheit hat das Ganze herzlich wenig zu tun.

Insgeheim weiß das natürlich jeder. Aber wenn sich James Bond zwölf Wodka-Martini hinter die Binde kippt, oder Greta Garbo lasziv eine Stange Zigaretten wegraucht, finden wir das alle irgendwie cool, oder? Das zeigen auch Umfragen. So wird Rauchen zum Beispiel mit Eigenschaften wie Coolness und Überlegenheit assoziiert. Die Paradoxie des Rauchens ist, dass man es mit Freiheit und Abenteuer gleichsetzt, obwohl Sucht das exakte Gegenteil davon ist.

Tatsächlich zeigen wissenschaftliche Studien, dass Raucher überdurchschnittlich oft eine eher unangepasste, freiheitsliebende Persönlichkeit haben. Sie sind extrovertierter, trotziger, rebellischer und risikofreudiger. Und genau das ist das Dilemma: Jugendliche sehen unangepasste Typen, die rauchen, und denken: Die sind cool, WEIL sie rauchen. In Wirklichkeit jedoch ist Rauchen nicht der Grund für ihr Rebellentum, sondern lediglich eine Begleiterscheinung. Eine Erkenntnis, die unsere Regierung für eine wirklich effektive Anti-Rauchen-Kampagne nutzen könnte. Statt den blauen Dunst zu verteufeln, müsste man einfach nur besonders uncoole Politiker dazu bringen, öffentlich zu qualmen, zum Beispiel Künast, Wulff oder Oettinger. Und spätestens wenn Angela Merkel in einem roten Hosenanzug auf einem Marlboro-Pferd ungelenk in die Abendsonne ritte, würde den Jugendlichen die Lust am Rauchen ein für alle Mal vergehen.

Die alten Griechen nahmen Opium, die Azteken Meskalin, und im *Blauen Bock* wurde gesoffen bis die Leber platzte. Und immer wieder grätschte die Obrigkeit dazwischen. Im 17. Jahrhundert ließ der türkische Sultan Murad IV. fünfundzwanzigtausend Raucher hinrichten und beschlagnahmte ihr Eigentum. Inzwischen hat sich die Einsicht durchgesetzt, dass man das Eigentum viel besser von lebendigen Rauchern beschlagnahmen kann: durch Steuern. Die Hinrichtung erledigen die Konsumenten dann später ohnehin selbst.

Rund fünfzehn Milliarden Euro nimmt der Staat pro Jahr durch Tabaksteuern ein. Deswegen wird der Tabakanbau von der EU kräftig subventioniert. Auch für die Renten- und Krankenkassen sieht die Rechnung makaber günstig aus, denn nichts belastet ein Solidarsystem so stark wie eine hohe Lebenserwartung. Von einer suchtfreien Gesellschaft können wir vielleicht mehr Lebensjahre erwarten, auf keinen Fall aber weniger Gesundheitskosten. Eine echte Zwickmühle. Rauchen ruiniert die Gesundheit, Nichtrauchen den Staatshaushalt.

Trotzdem sind sich in der Politik nahezu alle einig, dass Suchtstoffe mit allen Mitteln zu bekämpfen sind. Die Regierung gibt Millionen für Anti-Drogen-Kampagnen aus, erlässt Verbote für Alkopops und pfercht unschuldige Raucher in aufgemalte Quadrate, um zu verhindern, dass sich die Giftstoffe mit der Umgebungsluft vermischen. Ein Verfahren, das etwa so sinnvoll ist, wie ein Schwimmbecken in Pinkler und Nichtpinkler zu unterteilen.

Das konsequente Rauchverbot in öffentlichen Räumen sorgt

dafür, dass die Raucher bei Wind und Wetter vor die Türe müssen und erhöht so zusätzlich das Krankheitsrisiko: Vor dem Lungenkrebs kommt nun die Lungenentzündung.

Angeblich plant die EU jetzt sogar, das Passivtrinken zu verbieten. Und nachdem *Red Bull Cola* aus dem Verkehr gezogen wurde, weil es Spuren von Koks enthielt, zittert das gesamte Finanzwesen. Denn neunzig Prozent aller Geldscheine und Kreditkarten enthalten ebenfalls Spuren von Kokain. Droht uns nun also auch das Ende der Geldwirtschaft? Schließlich ist Geld ja auch ein starkes Suchtmittel. Wer einmal damit angefangen hat, kommt nicht mehr davon los. Von der Beschaffungskriminalität gar nicht erst zu sprechen.

Auch wenn es mich stört, dass der Staat durch diese Verordnungen massiv in unser Verhalten eingreift, muss ich zugeben: Es nützt. Laut Suchtbericht 2011 rauchen, trinken und kiffen immer weniger Teenager. Offenbar zeigen die Präventivmaßnahmen Wirkung. Es klingt banal, aber es ist anscheinend der einzig richtige Weg, Jugendliche vor dem ersten Drogenkonsum von der Gefährlichkeit der Sucht zu überzeugen.

Begeben wir uns zum besseren Verständnis der Problematik kurz in ein durchschnittliches Gehirn. Dort herrscht ein geschäftiges Treiben der körpereigenen Substanzen.

Im *Hypothalamus*, dem Innenminister unseres Gehirns, der für unsere Triebe zuständig ist, werden *Endorphine*, körpereigene Schmerzstiller, produziert. Diese hatten ursprünglich die Aufgabe, unsere Überlebenschancen in kritischen Situationen zu erhöhen: Sie reduzieren Angst und Schmerzen und helfen uns, einen Kampf mit einem feindlichen Stamm oder gar einen Shoppingmarathon mit der eigenen Ehefrau überleben zu können. Die wichtigste Aufgabe der Endorphine besteht jedoch darin, unser Belohnungssystem zu aktivieren: Sie lösen Glücksgefühle aus. Deswegen – und nur deswegen – macht uns Sex so viel Spaß. Ohne Endorphine wäre der Beischlaf nichts weiter als eine alberne Turnübung mit monströsen Folgekosten. Egal, was wir tun, wir tun es nur, damit wir uns gut fühlen. Egal, ob Sex haben, Schokolade essen oder nach dem Nobelpreis streben. Selbst Mutter Teresa hätte niemals das getan, was sie getan hat, wenn ihr Gehirn sie dafür nicht belohnt hätte.

Unser Oberstübchen braucht ständig chemische Stimulanzien, die uns bei Laune halten. Denn sofort, nachdem das Endorphin seine Glücksarbeit geleistet hat, wird es von einem Spielverderber, dem Enzym Endorphinase, wieder zerstört. Diese kurze Wirkungszeit führt uns letztlich in die chemische Sklaverei. Genau das haben in den fünfziger Jahren die amerikanischen Forscher James Olds und Peter Milner durch Experimente mit Ratten nachgewiesen. Sie legten den Tieren Elektroden an den Hypothalamus. Mit einem Drücker konnten die Nager ihr Selbstbelohnungssystem elektrisch stimulieren. Daraufhin betätigten die Tiere unablässig den Lustknopf. Alles andere spielte plötzlich keine Rolle mehr. Von außen betrachtet, zeigten die Tiere hektische Betriebsamkeit und planloses Herumdrücken ohne irgendeinen Sinn und Zweck. Die Politik ist der beste Beweis, dass dieser Effekt auch ohne eine Reizung des Hypothalamus möglich ist.

Etwas ganz Ähnliches passiert bei Suchtstoffen. Sie wirken, weil sie in ihrer chemischen Struktur den Endorphinen ähneln. Wenn Drogensüchtige Heroin nehmen, besetzt das Rauschgift die Rezeptoren, die eigentlich für die körpereigenen Substanzen vorgesehen waren. Das Perfide dabei ist die Intensität der Belohnung. Heroin beispielsweise wirkt etwa hundert Mal stärker als Schokolade und löst ein dementsprechendes Hochgefühl aus.

Das alleine wäre noch gar nicht schlimm. Im Gegensatz zu Schokolade macht Heroin nämlich nicht dick. Doch wenn

Suchtstoffe längere Zeit auf unsere Rezeptoren einprasseln, stumpfen diese gegenüber den Endorphinen ab. Unser Belohnungssystem wird also nach und nach taub für die körpereigenen Reize und reagiert nur auf die Droge selbst. Und jetzt wird's richtig fies: Dieser Vorgang ist zu gewissen Teilen irreversibel! In puncto Sucht hat unser Hirn keine Reset-Taste. Selbst wenn ein Süchtiger sein Suchtmittel absetzt, bleibt sein Belohnungssystem dauerhaft gestört. Und all die Dinge, die einem vor der Ertaubung der Rezeptoren noch Freude bereitet haben, fühlen sich fad an. Das ist der Grund, weshalb Menschen auch nach jahrelanger Abstinenz Gefahr laufen, rückfällig zu werden.

Vor einigen Jahren befragte der Ökonom Kip Viscusi eine Gruppe von Kettenrauchern, wie viele Lebensjahre sie das Rauchen kosten würde. Sie schätzten neun Jahre. Die richtige Antwort lautet: rund sechs Jahre. Raucher sind folglich nicht deshalb Raucher, weil sie die Risiken unterschätzen. Sie rauchen sogar, wenn sie die Gefahr *über*schätzen. Die meisten wissen recht gut, wie man sich verhalten sollte. Und auch wenn sie die Risiken damit abtun, es sei ihre persönliche Entscheidung, sich ihre Gesundheit zu ruinieren, hat ihr Verhalten nichts mit Freiheit zu tun. Fragen Sie Ihr Gehirn!

Konservative Menschen vertreten gerne das Ideal einer drogenfreien Gesellschaft, wie es beispielsweise in der CSU vorherrscht. Dort ist Bier freilich kein Suchtstoff, sondern ein Grundnahrungsmittel. Würde die CSU Alkohol verbieten, würde sie bei der nächsten Landtagswahl locker unter die 0,5-Promille-Grenze rutschen. Marihuana dagegen gilt bei den Konservativen als hochgefährlich, weil angeblich die meisten Heroinkranken mit Marihuana angefangen haben. Das stimmt zwar, aber noch mehr Süchtige haben sich ursprünglich pure Milch reingezogen. Auch ich war mal auf diesem Trip. Aber das war eine Jugendsünde.

Gemäßigtere Bürger vertreten die Auffassung, dass Drogenmissbrauch aus Leichtsinn und Unwissen heraus entsteht, und plädieren für rigorose Aufklärungskampagnen. Seit einiger Zeit müssen auf Zigarettenschachteln Warnhinweise aufgedruckt sein. «Rauchen macht impotent» steht da zum Beispiel. Wenn das stimmt, pflanzen sich Raucher nicht mehr fort und das Problem erledigt sich von selbst. Für mich als Physiker gäbe es ohnehin viel wichtigere Hinweise, die man auf die Schachteln schreiben sollte: «Dieses Produkt besteht zu hundert Prozent aus Materie. Im Falle des Kontaktes mit Antimaterie kommt es zu lebensgefährlichen Explosionen!»

Die Überzeugung, dass der Mensch gegen seinen Willen verdorben werden kann, führte immer wieder dazu, dass Autoritäten rigorose Verbote erließen, die die persönliche Freiheit des Einzelnen einschränkten und deren Sinn oftmals fraglich war. So wollten zum Beispiel die Kommunisten das Problem von Einbrüchen lösen, indem sie Privatbesitz unter Strafe stellten. Auch die Prohibition in den zwanziger Jahren des letzten Jahrhunderts bewirkte nicht, dass die amerikanische Bevölkerung ihren Alkoholkonsum verringerte. Viele Experten sehen das Alkoholverbot sogar als Geburtshelfer der organisierten Kriminalität in den USA.

Stellen Sie sich vor, unsere Regierung würde ab morgen den Beruf des Installateurs unter Strafe stellen und sämtliche Klempnerbetriebe dichtmachen. Was würde passieren? Da sich Toiletten und Abflussrohre durch das Verbot nicht davon abhalten ließen, zu verstopfen, gäbe es auch weiterhin einen hohen Bedarf an Sanitärfachkräften. Auf Partys flüsterte man sich geheime Adressen von Klempnern mit zweifelhaftem Ruf zu. Dubiose Mittelsmänner schmuggelten Spülkästen, Schlauchschellen und Verschlussstopfen ins Land, die dann von halbseidenen Typen in dunklen Ecken für sündhaft teures Geld vertickt würden. Im wahrsten Sinne des Wortes ein «beschissener Deal».

Die Vereinten Nationen schätzen, dass mit illegalen Drogen jährlich dreihundertzwanzig Milliarden Dollar umgesetzt werden. In Kolumbien, dem Silikon Valley der Kokainproduktion, betragen die Produktionskosten für ein Kilo Koks etwa tausendfünfhundert Dollar. In den USA legt der Endkonsument dann hunderttausend Dollar hin. Indem die Amerikaner Kokafelder umpflügen, Kokainlabore zerstören und Zwischenhändler dingfest machen, treiben sie den Gewinn der Drogenkartelle nach oben. Begrenzt man das Angebot eines bestimmten Gutes oder versucht man, dessen Vertrieb sogar gänzlich zu stoppen, steigt der Preis und die Abwicklung verlagert sich in den Untergrund. Egal, ob es sich um Installateure, Frühstücksflocken oder Kokain handelt.

Sucht bedeutet einen Verzicht auf Freiheit. Aber darf der Staat im Gegenzug diese Freiheit zur Unfreiheit einschränken, indem er Suchtmittel verbietet? Ist also die Fürsorgepflicht des Staates höher einzuschätzen, oder sollte jeder das Recht haben, sich mit diversen Mittelchen sein Leben selbst zu versauen?

Vielleicht sollte man den Bürgern die Freiheit geben, ihre Suchtmittel ohne staatliche Maßregelungen und Verbote selbst zu wählen. Zumal es kein Indiz dafür gibt, dass in Ländern mit einer liberalen Drogenpolitik mehr Menschen zur Droge greifen. Im Gegenteil. Die Verbreitung von Cannabis ist in den Niederlanden sogar geringer als in Ländern, die eine repressive Drogenpolitik verfolgen.

Und seien wir mal ehrlich: Manchmal haben Rauschmittel auch positive Seiten. Britische Forscher wiesen eindeutig nach, dass man sich eine Bar-Bekanntschaft tatsächlich schön trinken kann. Allerdings sollte man spätestens vor der Hochzeit damit aufhören.

Auch Zigarettenqualm muss nicht immer nur Nachteile haben. In Ostafrika ist er der einzig halbwegs wirksame Schutz gegen die Tsetsefliege. Einige Wissenschaftler gehen sogar davon aus, dass Nikotin das Alzheimer-Risiko vermindert. Wenn Sie sich also im Alter noch erinnern wollen, warum Sie husten, greifen Sie zur Zigarette! Eine Bekannte versicherte mir sogar, sie habe durchs Rauchen endlich dauerhaft zehn Kilo abgenommen. So viel wog das Bein.

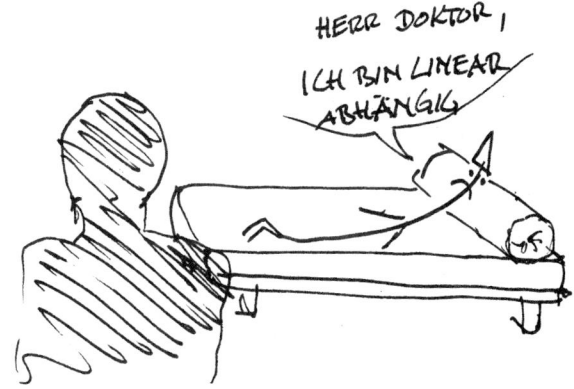

>>> ES BLEIBT FESTZUSTELLEN: SUCHT IST DIE AB-
WESENHEIT VON FREIHEIT. Das weiß die Neurobiologie, und das weiß inzwischen auch mein Freund Teo.
«Früher war Freiheit für mich der Rausch. Eine ganze ver-
dammte Zeit lang waren das die Stunden der Freiheit», erklärte
er mir bei unserem Treffen. «Heute ist das schönste Glücksge-
fühl für mich, wenn ich mit meiner Tochter auf dem Spielplatz
bin. Sie schaukelt, ich gebe ihr Anschwung, und sie lacht und
freut sich. Mehr geht nicht auf dieser Welt. Als ich sie zum ersten Mal im Arm hatte, wusste ich: Ab sofort geht es nur noch
darum. Ich und mein kleines verkacktes Ego spielen jetzt mal
gar keine Rolle mehr!»

Das mit den Drogen kann ich so stehen lassen. Aber das mit
den Kindern??? Erst machen sie die Eltern unfrei, und zur Rache werden sie dann von ihnen mit moderner Erziehung drang-
saliert. Ein Teufelskreis.

Ein Satz von Teo ging mir nicht mehr aus dem Kopf: «Drogen nehmen ist Urlaub von Entwicklung. Das ist vielleicht das
Brutalste und Saugefährlichste am Drogenkonsum.»

F., Schüler

Daher habe ich versucht, einen Jugendlichen ohne Drogen-erfahrung zu finden. Das ist in einer Stadt wie Frankfurt gar nicht so leicht. Durch einschlägige Hinweise in meinem Be-kanntenkreis ist es mir jedoch gelungen, in diese kleine, feine Szene vorzudringen. Allerdings möchte der junge Mann nicht namentlich genannt werden. Ich vermute, damit er in seinem Freundeskreis nicht als völlig uncool gilt. Dabei machte er bei unserem Gespräch einen ziemlich coolen Eindruck und sagte etwas sehr Erwachsenes: «Was die Erziehung angeht, finde ich ein bisschen Druck schon wichtig. Vor allem für das spätere Leben. In meiner Lebensphase kann man das komplette Leben voll aufbauen oder voll versauen. Bei einem Klassenkameraden von mir haben die Eltern die Zügel einfach schleifen lassen. Der kommt jeden Abend erst um elf Uhr nach Hause. Und der ist vierzehn!»

Wer ist schuld an solchen Ansichten? Die Eltern? Die Leh-rer? Und was bringt Erziehung wirklich?

....

KEINE FREIHEIT KANN MAN HABEN,
OHNE ETWAS DAFÜR ZU MACHEN.
SO GESEHEN IST DAS EINFACHER.
KEINE FREIHEIT IST UNANSTRENGENDER.

F.

....

FENSTER AUF – FENSTER ZU

4

Eine alte englische Weisheit besagt: Eltern ruinieren die erste Hälfte unseres Lebens, Kinder die zweite. Deswegen habe ich mich konsequent dagegen entschieden, Nachwuchs zu zeugen. Okay, dafür habe ich zwei Katzen. Das hat aber einen zentralen Vorteil: Im Schnitt werden Katzen dreizehn, vierzehn Jahre alt. Das ist ungefähr der Zeitpunkt, zu dem Kinder in die Pubertät kommen und sich von kleinen Tyrannen zu großen Arschlöchern entwickeln.

Torben, der Sohn meiner Exfreundin Gudrun, ist auf dem besten Wege dorthin. Als wir neulich beim Chinesen zum Abendessen waren, kam plötzlich der Inhaber aufgeregt an unseren Tisch. Unbemerkt hatte der kleine Torben eine Packung *Fishermen's friend* im Aquarium mit den Koi-Karpfen aufgelöst. Verzweifelt versuchten die Tiere, an die frische Luft zu kommen.

«Irgendwas muss ich in meiner Erziehung falsch gemacht haben», seufzte Gudrun. Dabei hatte sie schon während ihrer Schwangerschaft nichts dem Zufall überlassen und meterweise Literatur gelesen, in der akribisch beschrieben wurde, wann genau ihr zukünftiges Kind mit Sojamilch, Englischunterricht oder einer Psychotherapie anfangen soll. Als Torben auf der Welt war, hat sie ihn – natürlich – gestillt. Jedes Mal, wenn wir uns auf einen Kaffee trafen, legte sie demonstrativ ihre Brust frei und zischte mir, als sie meinen etwas irritierten Blick auffing, zu: «Hab dich nicht so. Stillen ist das Natürlichste der Welt.» Ich schaute ihr tief in die Augen und antwortete: «Gudrun, das ist Stuhlgang auch!»

Gestillt hat sie übrigens, weil Kinderärzte Anfang der neunziger Jahre herausgefunden haben, dass Flaschenkinder häufiger übergewichtig werden. «Und wennschon», sagte ich damals zu ihr. «Du kennst doch den Spruch: Dicke Kinder sind schwerer zu kidnappen ...»

Inzwischen ist Torben acht Jahre alt und hat einen Dienstplan wie ein Topmanager. Allein dreimal die Woche geht er zum Gesangs- und Geigenunterricht, weil Gudrun gelesen hat, das Musikfenster sei in dieser Phase der Entwicklung gerade «unglaublich weit geöffnet». Ganz im Gegensatz zu den Fenstern der Nachbarn, sobald Torben Geige übt.

Neulich erzählte mir Gudrun von den Bogenschießkursen, die im Mutter-und-Kind-Zentrum angeboten würden. Zur Lösung von Eltern-Kind-Konflikten. Da frag' ich mich, wer da auf wen schießen darf.

«Du stellst dir das so einfach vor mit der Erziehung. Du hast ja auch keine Kinder», verteidigte sich Gudrun. – «Das stimmt», blaffte ich zurück, «aber anscheinend habe ich etwas, was du verloren hast: einen Verstand.»

Warum nur macht sich meine Exfreundin so einen Stress? Statt auf ihre Intuition zu vertrauen, lässt sie sich von realitätsfernen Erziehungswissenschaftlern fremdbestimmen und nimmt sich selbst und Torben die Freiheit, einfach mal die Dinge laufen zu lassen. Meine Eltern taten genau das und schickten mich nach der Schule zum Spielen raus. Die einzige Erziehungsregel: «Um siebbe gibt's Esse. Da bischt widder da, odder es gibt was uff die Löffel.» Ich hatte als Kind auch noch richtige Verletzungen: Loch im Kopf! Torben dagegen laboriert derzeit an einer Sehnenscheidenentzündung – vom Geigespielen.

Und? Hat mir meine Kindheit etwa geschadet? Jedenfalls haben sich viele meiner Interessensgebiete ganz von allein entwickelt, ohne irgendwelche Kurse. Besonders die Liebe zur Naturwissenschaft. Schon als Zwölfjähriger führte ich selbständige Studienreihen durch und untersuchte das «Druckverhalten von vierachsigen Dreißigtonnern auf froschhafte Organismen an der B47». Meine zweite Arbeit, «Aspirin-Überdosierung an *Mesocricetus auratus* (Goldhamster)», reichte ich sogar bei *Jugend forscht* ein.

Wenn ich bei Torben mal eine Zeitlang etwas zu sagen hätte, wäre schnell Schluss mit dem ganzen Erziehungs-Pling-Pling, da war ich mir sicher.

Und diese Gelegenheit bekam ich! Gudrun musste kurzfristig für ein paar Tage ins Krankenhaus, ich bot mich spontan als Supernanny an und zog zu Torben in die Dreizimmerwohnung in der Frankfurter City. Was sollte schon groß schiefgehen? Erziehung wird eh überschätzt. Kurz zuvor hatte ich einen Artikel über das berühmte *Colorado Adoption Project* gelesen, in dessen Rahmen seit vierunddreißig Jahren der Lebensweg von mehreren hundert Babys verfolgt wird, die zur Adoption freigegeben worden sind. Die Studie kam unter anderem zu dem Ergebnis, dass es praktisch keine Korrelation zwischen den Persönlichkeitszügen der Kinder und denen ihrer Adoptiveltern gab. Salopp gesagt: Macht euch nicht verrückt. Das meiste ist sowieso angeboren! Wahrscheinlich hätten die Koi-Karpfen bei Mr. Wong auch daran glauben müssen, wenn Torben bei den größten Pazifisten aufgewachsen wäre. Unsere Gene spielen offenbar eine große Rolle. Beim Aussehen leuchtet uns das sofort ein. Ich zum Beispiel sehe meiner Mutter unglaublich ähnlich. Vor allem, wenn ich ihre Klamotten trage.

Gudrun hatte mir für die Zeit mit Torben einen detaillierten Terminkalender gemacht. Ein Horrorprogramm: Musikunterricht, Fußballtraining, Theaterkurs, Forscher-AG, Kinder-Yoga. Alles Schnickschnack! «Solange ich hier das Sagen habe, darfst du einfach mal Kind sein, Torben.» Es lief ziemlich gut. Zumindest in den ersten fünf Minuten. Danach begann die pure Hölle – für uns beide. Torben langweilte sich zu Tode, drehte den Fernseher laut auf und brauchte alle zwei Minuten etwas anderes: Kekse, Pflaster, Ansprache. «Hast du eigentlich keine Freunde?», fragte ich ihn nach einer Stunde völlig aufgelöst. – «Doch, aber die sind gerade alle in der Forscher-AG und züchten Kristalle. Aber da fährst du mich ja nicht hin ...» Ich startete einen letzten Versuch: «Wollen wir zusammen eine Runde Kaufladen spielen?» Der Achtjährige starrte mich entgeistert an: «Du, Vince, dieses Erziehungsfenster ist aber so was von zu ...»

Als er endlich im Bett lag und ich mir auf Gudruns Couch eine Flasche Rotwein aufmachte, fiel mein Blick auf das Regal mit ihren Erziehungsratgebern: «Ermutigen statt kritisieren», «Das Geheimnis glücklicher Kinder», «Warum unsere Kinder Tyrannen werden» und vieles andere.

Hatte ich mich jahrelang über Gudruns Erziehungswahn lustig gemacht, war ich nach nur zwölf Stunden «Torben allein zuhaus» mit meinem Latein am Ende und brauchte dringend Hilfe. Ist die Idee, Kindern einfach ihre Freiheit zu lassen, völlig absurd? Wie viel Erziehung ist nötig? Schränkt Förderung die Freiheit der Kinder ein, oder bringt sie sie zur Entfaltung? War ich einfach nur ein erziehungstechnischer Messfehler?

Ich las bis in die Morgenstunden von autoritären, demokratischen und egalitären Erziehungsstilen. Von Förderprogrammen, individuellem Lerntempo und den berüchtigten Entwicklungsfenstern. Da standen Begriffe wie «Role Modeling» und «Positive Reinforcement». Bestrafen heißt jetzt «unerwünschtes Verhalten entmutigen», wie ich lernte, und Tigermütter erziehen nach der «chinesischen Methode».

Unter den Autoren tummeln sich Vierfachmütter, Sozialpädagogikgurus, Psychologen und Neurobiologen. Puuh! Wie soll man da entscheiden, was richtig und was falsch ist? Kein Wunder, dass Gudrun in diesem Dschungel aus Erkenntnissen und Vermutungen durchdreht.

Das Gehirn eines Heranwachsenden ist ständig in der Neu- und Umbildung. Jede neue Erfahrung verknüpft auch die Nervenzellen immer wieder neu miteinander. Und es gibt unterschiedlich sensible Phasen, in denen das Gehirn sich weiterentwickelt und besonders empfänglich ist für Input: Gudruns «Zeitfenster». Der Hirnforscher Wolf Singer fordert, «dass das Rechte zur rechten Zeit verfügbar» sein sollte «oder angeboten werden muss. Es ist nutzlos und womöglich sogar kontraproduktiv, Inhalte anzubieten, die nicht adäquat verarbeitet werden können, weil die entsprechenden Entwicklungsfenster noch nicht offen sind.»

Okay, diese Fenster scheint es also wirklich zu geben, aber dennoch macht es keinen Sinn, Neugeborene mit Impressionismus zu konfrontieren, mit dem Dreijährigen über das Weltklima zu sprechen oder mit Torben über Quantenchromodynamik. Alles zu seiner Zeit! Aber woher weiß ich, wann für was Zeit ist? Gibt es Kalender oder Tabellen? «Da bislang nur wenig experimentelle Daten darüber vorliegen, wann das menschliche Gehirn welche Informationen benötigt, ist wohl die beste Strategie, sorgfältig zu beobachten, wonach die Kinder fragen», sagt Singer dazu.

Und ein bisschen von dem Druck, der heutzutage auf den Eltern lastet, nehmen die Neurowissenschaftler auch. Hirnentwicklung findet das ganze Leben statt. Natürlich lernt man eine (Fremd-)Sprache am leichtesten im Kleinkindalter, aber man kann es eben auch mit sechzig noch tun. Ich habe zum Beispiel vor fünf Jahren mit Hochdeutsch angefangen, und im Schriftlichen bin ich mittlerweile schon ganz gut.

Gudruns Panik, die «Fenster» würden ungenutzt und irreversibel wieder geschlossen, ist unbegründet. Begeistert ging ich zu Torben: «Wir können *doch* Kaufladen spielen. Dein Fenster ist sperrangelweit offen!» Verwirrt richtete er sich im Bett auf und blinzelte ins Licht: «Mann, Vince, ich bin total müde. Es ist halb vier nachts.»

Als Torben mich am nächsten Morgen nach einigem Suchen schließlich verkatert unter Erziehungsratgebern begraben fand, fragte er hoffnungsfroh: «Fährst du mich heute zum Fußball?» Und spätestens da war mir völlig egal, ob sein Fußballfenster schon optimal geöffnet war oder ob ich ihn besser zum Philosophie-Kurs gebracht hätte. Hauptsache, das Kind war aus dem Haus!

Vielleicht ist Kindererziehung heutzutage ja wirklich schwerer als früher. An allen Ecken und Enden bekommen junge Eltern gesagt, was ihr Kind wann und wie können muss. Da bleibt weder für die Eltern noch für die Kinder Freiheit für individuelle Entfaltung. Babys machen, kaum sind sie dem Fruchtwasser entkommen, Tauchkurse. Kleinkinder sollen Chinesisch sprechen lernen. Wozu? Damit sie sich mit den Herstellern ihrer Bauklötze unterhalten können? Und wenn ein Sechsjähriger seine Konflikte nicht verbal löst, sondern dem Nachbarskind das Schippchen überzieht, rät die Klassenlehrerin zu einer «Supervision».

Aus Furcht, etwas falsch zu machen, überfrachtet auch Gudrun ihren Torben mit einem Freizeitprogramm, das alle Facetten seiner Persönlichkeit befriedigen soll. Vielleicht wäre weniger manchmal mehr? Gerade erst habe ich in einem Erziehungsratgeber gelesen, dass Lernen vor allem Spaß machen sollte. Forschungen haben gezeigt, dass positive Gefühle während des Lernens bewirken, dass man sich das Erlernte besser merken kann. Möglicherweise braucht Torben deshalb so lange, um *Bruder Jakob* auf der Geige zu lernen. Lust dazu hat er nämlich keine. Aber da bleibt Gudrun eisern. Der Fenster wegen! Seit neuestem überlegt sie sogar, mit ihm eine Mathematikvorlesung an der Uni zu besuchen. «Ich glaube, sein Mathefenster geht nämlich gerade auf. Und außerdem hat der Torben ein unglaubliches Zahlengedächtnis! Erst gestern hat er sich die ‹Fünf› gemerkt, und du wirst es nicht glauben: Die weiß er heute noch!» Einfach genial.

Was mich tröstet: Egal, wie sorgfältig die Eltern versuchen, alle Fenster zu bedienen – irgendwann hängen die Kinder dann doch nur noch vor Windows.

ER WUSSTE ZU VIEL

BILDUNG IST WICHTIG. Bei den alten Griechen sollte sie dazu dienen, das Volk demokratiefähig zu machen. Bildung hieß, in der Lage zu sein, sich auf einem gewissen Niveau über Dinge zu unterhalten, die zur Kultur des Menschen gehören. Deswegen verfasse ich zum Beispiel meine Steuererklärung ausschließlich im Alexandriner. Einem Versmaß, bestehend aus einem sechshebigen Jambus, mit einer Zäsur nach der dritten Hebung: «Ich bin, mein guter Freund, erfreut, dich hier zu seh'n.» Machen Sie sich einfach mal den Spaß, und tragen Sie so etwas in die Anlage N ein. Rubrik: «Außergewöhnliche Belastungen durch ständig hilflose Personen».

Wäre das dann kreativ? Oder daneben? Oder gar Kunst? «Alle großen Künstler haben starke Regelverletzungen begangen, indem sie Grenzüberschreitungen in Form gebracht haben», sagt der Aktionskünstler Wolfgang Flatz, den ich in seinem Atelier besuchte. Eine freistehende Baracke auf der Münchener Praterinsel, eingerichtet wie die Requisitenkammer der al-Qaida-Zentrale Oberbayern. An der Decke baumelt ein zwei Meter langer Torpedo, Schwerter und Krummsäbel liegen auf dem Boden, an der Wand sehe ich eine Maschinenpistole.

Flatz wurde wegen seiner Kunstprojekte schon immer kontrovers diskutiert. Zuletzt im Februar 2010 bei seiner Arbeit «schuldig – nicht schuldig». Er ging zwischen zwei an der Wand befestigten Stahlplatten hin und her und schlug jedes

Mal im Vorbeigehen seinen Kopf gegen das Metall. Als ihn die Zuschauer von seinem Vorhaben abhalten wollten, sagte er: «Nur wenn ihr geht, höre ich auf.»

Künstlerische Freiheit findet bekanntlich im Kopf statt, aber *so* habe ich mir das nicht vorgestellt. «In der Kunst geht es darum, jemanden zu erreichen, zu berühren. Und deshalb musst du ihn dort erwischen, wo er empfindlich ist», erklärt mir Flatz. Ein spannender Typ!

Zwei Stunden lang sprachen wir über das Geheimnis von Kreativität, das Brechen von Regeln und den Mut, neue Wege zu beschreiten. Voller Inspiration verlasse ich sein Atelier und ermutige mich selbst: Geh über deine Grenzen, Vince!

Prof. Flatz, Künstler

SPIRALGALAXIEN
IM HUNSRÜCK

5.

Vor kurzem nahm mich meine Lektorin zur Seite und sagte: «Vince, in letzter Zeit wirkst du so uninspiriert. Du brauchst dringend kreativen Input!» Und dann steckte sie mir einen Gutschein für ein Töpferwochenende auf einem Bauernhof im Hunsrück zu. Abgelegen von der Zivilisation, alles aufs Wesentliche reduziert. «Damit du endlich mal wieder den Kopf freibekommst und dich ganz auf deine kreative innere Stimme konzentrieren kannst.»

Ursprünglich stammt das Wort «Kreativität» aus der Theologie und beschreibt den Schöpfergott. Ein *Creator*, der aus dem Nichts etwas Wertvolles erschafft. Inzwischen zeigen viele Casting-Shows, dass es wesentlich lukrativer ist, aus dem Nichts etwas Wert*loses* zu erschaffen. Schöpfergott Bohlen erzählt «Nichtschwimmern, sie könnten Olympia gewinnen, und schaut ihnen dann beim Ertrinken zu», wie es der Journalist Stefan Niggemeier einmal treffend beschrieb. Gar nicht mal so unkreativ, der Bohlen!

In der Renaissance wurde zum ersten Mal der Begriff des Schöpferischen auf herausragende Menschen wie da Vinci oder Shakespeare übertragen. In dieser Zeit setzte sich mehr und mehr der Gedanke durch, nicht Gott, sondern der Mensch selbst habe die Macht, etwas zu erschaffen und damit seine Zukunft zu gestalten.

Seitdem wird unter Kreativität die Kunst verstanden, sich von üblichen Denkstrukturen zu befreien, althergebrachte Normen zu brechen und geistige Freiräume zuzulassen. Isaak Newton brachte ein fallender Apfel auf das Gravitationsgesetz, Salvador Dalí kam beim Anblick eines weichen Camemberts auf die Idee für seine zerfließenden Uhren, und Viagra wurde entdeckt, weil männliche Versuchspersonen ein Herzmedikament in der Testphase partout nicht mehr absetzen wollten.

Dies alles schoss mir durch den Kopf, als ich drei Wochen später in der Hunsrücker Einöde zusammen mit zehn Hausfrauen vor meiner Töpferscheibe saß. Die Kursleiterin forderte uns auf, uns gegenseitig die Augen zu verbinden und an etwas zu denken, das uns im Innersten berührt. Spontan dachte ich an NGC 2841! Das ist eine inspirierende Spiralgalaxie im Sternbild des Großen Bären. Urplötzlich spürte ich, wie die Kreativität in meine Hände floss. So also muss sich ein *Creator* fühlen!

Als wir die Augenbinden abnahmen, machte sich in der Runde Ernüchterung breit. «Was soll'n des sein?», fragte Ingrid aus Idar-Oberstein. Zugegeben, NGC 2841 sah aus wie nach einer Supernova-Explosion, aber ich hatte meine kreative, innere Stimme gespürt. Offenbar schlummern in mir ganz unbekannte Talente! Das ist ganz typisch für kreative Menschen, sie sind oftmals in unterschiedlichen Disziplinen erfolgreich. Der Physiker Werner Heisenberg war ein virtuoser Pianist, der Philosoph Ludwig Wittgenstein Architekt und Ingenieur. Peter Maffay arbeitete lange Zeit als Urmeter in Paris.

Der Psychologe Mihaly Csikszentmihalyi, der sich wahrscheinlich aufgrund seines Namens auf Kreativitätsforschung spezialisierte, erkannte, dass kreative Menschen widersprüchliche Extreme in sich vereinen. Gelassenheit und Ruhe treffen auf unbändige Energie, Disziplin und Verantwortungsgefühl auf kindlichen Spieltrieb, Weltklugheit trifft auf natürliche Naivität. Dadurch können Kreative um die Ecke denken und unorthodoxe Zusammenhänge aufbauen.

Kreative Menschen halten kleine, anscheinend unbedeutende

Details für wichtig und bringen sie in einen neuen Zusammenhang. Sie sehen etwas, was jeder sieht, denken dabei aber etwas, was noch keiner zuvor gedacht hat.

Oft spielen bei kreativen Prozessen verrückte Zufälle eine große Rolle. Porzellan wurde erfunden, weil Johann Böttger dem Kurfürsten von Sachsen die Herstellung von Gold versprochen hatte. Tesafilm sollte ursprünglich Heftpflaster werden. Ein ehemaliger Mitschüler von mir drehte letztes Jahr seinen ersten Amateurfilm, verwechselte dabei aus Versehen bei der Kamera «Record» und «Pause» – und gewann damit den Deutschen Kurzfilmpreis.

Der Psychologieprofessor Mark Jung-Beeman untersuchte, was im Kopf von Menschen vorgeht, die ein kreatives Aha-Erlebnis haben. Dazu schob er seine Versuchspersonen in einen Computertomographen und forderte sie auf, bestimmte Worträtsel zu lösen. Im Moment des «Heureka-Erlebnisses» bildete sich bei den Versuchspersonen eine sogenannte Alphawelle im Gehirn aus. Ein Hinweis auf eine starke Aktivität in einem Hirnareal, das auf Verknüpfungen von unterschiedlichen Informationen spezialisiert ist. Gleichzeitig wurden äußere Reize unterdrückt. Kein Wunder also, dass Genies während ihrer Arbeit oft geistesabwesend wirken. Häufig ist bei ihnen die Macht der Kreativität so stark, dass sie ihre Werke unbeirrt von jeder Kritik erschaffen. Heinrich von Kleist, Herman Melville oder Vincent van Gogh starben in bitterer Armut, weil ihre Werke zeitlebens mit verständnislosem Kopfschütteln bedacht wurden. Ich bin mir sicher, auch in meinem Fall wird die Zeit kommen, in der meine getöpferten Galaxien nicht mehr für verunglückte Aschenbecher gehalten werden, sondern die künstlerische Wertschätzung erhalten, die sie verdienen!

Deswegen bin ich auch immer offen, was zeitgenössisches Theater angeht. Neulich erst besuchte ich im Schauspielhaus die Inszenierung eines aufstrebenden Nachwuchsregisseurs. Splitternackte Jungfrauen fuhren mit Motorrädern auf die Bühne und bewarfen eine brennende amerikanische Flagge mit Eingeweiden. Vollkommen abgefahren!

In der anschließenden Podiumsdiskussion fragte ich den Regisseur, warum das Stück trotz seiner drei Stunden ohne Pause gespielt werde. – «Mit Pause ist das Haus beim zweiten Teil leer.» Manchmal ist Kreativität eben Geschmackssache. Als vor einigen Jahren die schwedischen U-Bahn-Stationen von Künstlern gestaltet wurden, fragte sich die Presse: Ist moderne Kunst nicht vielleicht doch schlimmer als Vandalismus?

Kreativität wird hauptsächlich mit künstlerischen Dingen in Verbindung gebracht. Kreativ sind Schriftsteller, Komponisten, Theaterregisseure oder Töpfer. Dabei stellen Wissenschaftler ebenso unglaublich kreative Fragen: Warum ist der Himmel blau? Weshalb bewegen sich die Planeten um die Sonne? Wieso rollt eine heruntergefallene Münze grundsätzlich unter den geographischen Mittelpunkt des Schrankes? Wenn eine Katze immer mit den Füßen auf dem Boden landet und ein Marmeladenbrot immer mit der beschmierten Seite nach unten – was passiert, wenn man ein Marmeladenbrot auf den Rücken einer Katze bindet?

Kein Wunder also, dass mein alter Physikprofessor es wie folgt kommentierte, als er erfuhr, einer seiner Doktoranden wolle aus der Forschung aussteigen, um sich lieber dem kreativen Prozess des Romanschreibens zu widmen: «Romane? Ich hab's schon immer gewusst – der Junge hat keine Phantasie!»

Naturwissenschaftliche Erkenntnisse sind hochkreative Prozesse. Kein Mobiltelefon, kein Notebook, kein GPS wäre je erfunden worden, wenn nicht Querdenker wie Einstein, Bohr oder Planck ihre Genialität darauf verwendet hätten, jahrhundertealte Vorstellungen über Raum und Zeit umzustürzen.

Auch heute noch herrscht an kreativer Forschung kein Mangel. 2007 untersuchte der britische Radiologe Brian Witcombe mit Kollegen das bedeutungsvolle Thema «Nebenwirkungen des Schwertschluckens». Andere Forscher fanden heraus, wie man aus der Urinspur eines Elefanten mit Hilfe eines speziellen mathematischen Verfahrens, der sogenannten Fourieranalyse, die Länge seines Penis errechnen kann. Natürlich nur unter der Bedingung, dass man sein bestes Stück als ein ideales Newton'-sches Pendel ansieht. Letzten Monat gelang es einem amerikanischen Forscherteam sogar, die Gene eines Betriebswirts mit denen eines Delfins zu kombinieren. Heraus kam ein Immobilienmakler, der seine Kunden völlig fair und korrekt berät. Leider war die Kreatur außerhalb des Meeres nicht überlebensfähig und verendete qualvoll.

Wenn man etwas Revolutionäres entdecken will, muss man sich die Freiheit nehmen, Dinge zu wagen, die andere erst mal als sinnlos und absurd abtun. Kein Kunstfan forderte Picasso auf, den Kubismus zu erfinden, und wer wollte vor vierhundert Jahren schon hören, dass die Erde doch nicht der Mittelpunkt des Universums ist?

«Man muss kreativ sein», sagt auch Mittöpferin Ingrid und zeigt mir ihre Sammlung von immer gleichen Obstschalen der letzten zehn Töpferkurse. Heutzutage gilt Kreativität als der Maßstab aller Dinge. Ständig wird man aufgefordert, einfallsreich und originell zu sein. «Seien Sie kreativ und schenken Sie Ihrer Putzfrau eine Reinigungskassette. Ihr Cousin ist Legastheniker? Wie wäre es mit einer Lesebrille? Rufen Sie bei einer Sexhotline an und spielen Sie der Dame glaubhaft einen Orgasmus vor.» Auch in der Kunst wird jedes Genre, jede Stilrichtung aufs unerträglichste mit einer anderen «kreativ» kombiniert: Rock meets Classic, Classic meets Jazz, *Titanic – Das Musical*, *Hamlet* on Ice, *Smoke on the water* auf Panflöte.

Über Goethe, Mozart oder den Erfinder des Dübels sagt komischerweise keiner, dass sie kreativ waren. Kreativ sind immer nur Muttis, die einen Gewürzbindekurs in der VHS absolvieren, oder Allianz-Vertreter, die im Strategieworkshop Collagen schnipseln. Mit *echter* Kreativität hat das nur wenig zu tun.

Was ist der Schlüssel zur einzigartigen Karriere des Homo sapiens? Warum baut der Mensch Mondraketen, Brummkreisel und elektrische Korkenzieher, während seine tierischen Vetter im Urwald allenfalls mit Stöcken in Termitenbauten herumstochern? Es ist die Fähigkeit, unterschiedliche Eindrücke und Informationen miteinander zu verbinden und dadurch etwas Neues zu erschaffen: die Relativitätstheorie, der Fosbury-Flop, Fords *Model T* oder das Album *St. Pepper's*.

Genau das ist Kreativität. Und sie ist nur mit Freiheit möglich. Freiheit, in alle Richtungen zu denken, unorthodoxe Wege zu gehen und Grenzen zu überschreiten. Das lässt sich weder beim Töpfern noch beim Wildwasserrafting erlernen. Kreativität findet nicht im Hunsrück statt, sondern im Kopf.

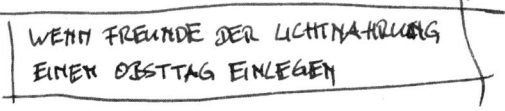

WENN FREUNDE DER LICHTNAHRUNG EINEN OBSTTAG EINLEGEN

BEIM TÖPFERN ALLEIN UNTER FRAUEN. Sind die anderen Männer einfach noch nicht so weit? Bin ich etwa ein Pionier? Der Vorreiter einer neuen Form von Männlichkeit? Oder einfach nur ein Loser?

Überhaupt, Männer und Freiheit! Zwei Begriffe, die eindeutig zusammengehören. Seit Menschengedenken treibt es uns hinaus, die Welt zu entdecken, zu erforschen und zu erobern: Amundsen, Gagarin, Kolumbus! Die guten alten Zeiten. Inzwischen schmelzen die Polkappen, im Weltraum fliegt nur noch Schrott herum und bei dem Staatsdefizit will wohl auch keiner mehr Amerika entdecken.

Um die Helden von heute zu finden, muss man sich schon in anderen Gefilden umschauen. Es gibt sie nämlich noch, die einsamen, mutigen Wölfe, die sich den Herausforderungen der Natur stellen. Die Huberbuam zum Beispiel. Zwei Männer, die laut Reinhold Messner das Bergsteigen «in eine neue Dimension geführt haben». Warum nur gehen die beiden so gern ohne Frauen auf den Berg? Vielleicht weil der Berg ruft, aber nicht widerspricht?

2007 stellten die zwei Brüder einen legendären Weltrekord im Speed-Climbing auf, indem sie mit einem Minimum an Sicherheitsvorkehrungen eine tausend Meter hohe Steilwand in weniger als drei Stunden hinaufkletterten. Wahnsinn! Ich bekomme schon Höhenangst, wenn ich auf der Stehleiter eine Glühbirne wechseln muss.

Doch dieser Angst wollte ich mich stellen und bin dafür ans Limit gegangen, habe eisige Höhen hoch über dem Abgrund erklommen: die Besucherplattform des Frankfurter *Maintowers*. Was geht in Kletterern vor, wenn sie nach monatelangen Vorbereitungen endlich auf dem Gipfel ankommen? Ist es das Gefühl der Freiheit? Messner sagte einmal in einem Interview sinngemäß, dass sich der Kick dort oben ziemlich in Grenzen hält. Sobald man es geschafft hat, überlegt man sich nämlich sofort: «Wie komm ich da wieder runter?» Eigentlich hätte man dann gleich unten bleiben können! Auch ich hatte übrigens einen beschwerlichen Rückweg. Der Fahrstuhl blieb für ein paar Minuten stehen. Zum Glück hatte ich einen Energieriegel dabei. Aber plötzlich konnte ich nachvollziehen, wie es ist, wenn man in der Wand steckenbleibt. Und im Gegensatz zu den Extremkletterern hatte ich sogar vier Wände um mich herum …

Warum nur tun sich Männer so etwas an? Ist *das* wirklich die Freiheit, von der die Kerle von heute träumen? Und wie stehen eigentlich die Frauen dazu? Lesen Sie selbst, wenn Sie Manns genug sind!

Vince Ebert,
Extremberssteiger

6

PUMA, PUMA –
HIER LÖWE

Können Sie sich noch an die Herbstmanöver der Bundeswehr in den Achtzigern erinnern? Als morgens um vier die Leopard-2-Panzer durch deutsche Kleinstädte gerollt sind und Flurschäden in Millionenhöhe angerichtet haben? Ich war damals mittendrin. Kaum zu glauben, aber ich bin einer der wenigen Kabarettisten in Deutschland, die bei der Bundeswehr waren. In einer knallharten Kampftruppe. Da, wo Männer noch Männer sein dürfen. Ich war Fernmelder. Genauer gesagt, Sprechfunker. Anscheinend war Reden die einzige Fähigkeit, die mir das Kreiswehrersatzamt zugetraut hat.

Gleich in der ersten Woche beim Bund wurden wir behutsam auf mögliche Gefahren an unserem neuen Arbeitsplatz aufmerksam gemacht. In der «Zentralen Dienstvorschrift», Kapitel 3/11, erfuhr ich: «Nach dem Einsatz von Atomsprengkörpern kann das Gelände sehr stark verändert sein. Das Zurechtfinden wird dadurch erschwert.» Gut, dass das mal gesagt wurde.

Außerdem machte man uns klar, dass wir im Ernstfall die ersten Angriffsziele des Feindes sind, weil wir aufgrund unserer Funksignale am leichtesten ausfindig gemacht werden können. Die durchschnittliche Lebenserwartung eines Funktrupps läge in Frontnähe «so bei vierzig bis fünfundvierzig Sekunden ...». Meine Frage, wozu wir dann überhaupt das gesamte Morsealphabet lernen müssten, blieb unbeantwortet.

Trotzdem habe ich beim Bund natürlich eine Menge Sinnvolles gelernt. Ordnung und Sauberkeit etwa. Wussten Sie, dass auch die Rohrinnenseite einer Kleiderstange ganz schrecklich staubig werden kann? Oder dass Maschinenpistolen besonders schön glänzen, wenn man dem Putzwasser einen Becher frische Sahne zusetzt? Rotweinflecken auf Tarnkleidung können übrigens am besten mit Schmieröl entfernt werden.

Doch auch die Förderung intellektueller Fähigkeiten kam nicht zu kurz: «Puma, Puma – hier Löwe, hier Löwe – wie hören Sie mich? – kommen, kommen.» Und dann antwortet man mit: «Löwe, Löwe – hier Puma, hier Puma – ich höre Sie gut – wie hören Sie mich? – kommen, kommen.» Diese Art zu sprechen ging uns derart in Fleisch und Blut über, dass wir nach Dienstschluss genauso weitergesprochen haben. «Günter, Günter – hol mir mal ein Bier, ein Bier …» Fünfzehn Monate lang, lang.

Auch körperlich waren wir topfit. Ob Sie es glauben oder nicht, aber wir sind damals zwanzig Kilometer mit dem kompletten Spind auf dem Rücken marschiert. Das können sich die jungen Leute heute gar nicht mehr vorstellen. Zugegeben, es gab zu der Zeit ja auch noch einen echten Feind: den Russen. Wir hatten nicht viel damals, aber wenigstens hatten wir den Russen! Den gibt's heute in der Form ja gar nicht mehr. Früher bedrohten uns Breschnew und Andropow mit Mittelstreckenwaffen, heute verkaufen uns Wladimir und Vitali Milchschnitten.

Damals genügte es, wenn man als Mann einfach nur männlich war. Unsere Vorbilder waren Marlon Brando, Steve McQueen oder John Wayne. Harte Kerle, die rauchten, soffen und schnelle Autos fuhren. Und wenn sie gerade mal nüchtern waren, retteten sie eben die Welt. Gefühle zu zeigen galt noch in meiner Jugend als unmännlich. Ein einziges Mal habe ich es erlebt, dass mein Vater meine Mutter bat, ihn zu umarmen: Als er beim Fischessen fast an einer Gräte erstickt wäre.

In den letzten paar Jahrzehnten hat sich das Männerbild extrem verändert. Am meisten fällt mir das bei meinem alten Bundeswehrkumpel Ralf auf. Damals war er ein richtig harter Hund. Eine echte Kampfmaschine, die einen ausgewachsenen Spähpanzer mit bloßen Händen aufhalten konnte. Heute sinniert er im Yogakurs über Sabbaticals, liest Bücher wie *Wickelpedia – Alles, was man(n) übers Vaterwerden wissen muss* und verschiebt Meetings mit dem Satz: «Du, um fünfzehn Uhr kann ich nicht, da macht mir der Alex die Füße ...»

«Heute ist der *neue Mann* gefragt», erklärt mir Ralf und nippt an seinem Yogi-Tee. Was genau das sein soll, weiß er, glaube ich, selbst nicht so recht. Noch vor gar nicht so langer Zeit bestieg Reinhold Messner ohne Sauerstoffflasche den Mount Everest und Brad Pitt prügelte sich neunzig Minuten lang durch den Film *Fight Club*. Heute laufen Männer den Jakobsweg und Brad Pitt hat die Kampfarena durch den Laufstall ersetzt.

Die große Männerstudie des *Zukunftsinstituts* kommt zu dem Schluss, dass der Begriff «Männlichkeit» im Augenblick eindeutig negativ besetzt ist. Nach gut hundert Jahren Emanzipationsbewegung haben Frauen zwar nicht die Hälfte der Chefposten inne, dennoch ist es ihnen mit einer Art Guerillataktik gelungen, die westliche Kultur nachhaltig zu feminisieren. Heute redet die gesamte Geschäftswelt von Teamfähigkeit, Emotionalität und Sozialkompetenz. Typisch männliche Eigenschaften wie Durchsetzungsfähigkeit, Erfolgsorientierung oder Wettkampfhärte sind zwar immer noch wichtige Faktoren – aber man redet lieber nicht mehr darüber.

Während Machotypen wie Rudi Assauer, Gerhard Schröder oder Götz George eindeutig Auslaufmodelle sind, dominieren metrosexuelle Weicheier wie David Beckham, Patchwork-Papis wie Boris Becker oder Work-Life-Balance-Nasen wie Seal das Geschehen. Die *neuen Männer* organisieren Lichterketten für

Tibet, reden über das Engagement von Geldof und Bono, trinken dazu Zeitgeistbrühen wie *Beck's Gold* oder *Lübzer Lemon* und erniedrigen sich in Kochshows. Ralf jedenfalls ist voll auf diesem Trip. Noch vor zehn Jahren nervte er auf Partys mit Sprüchen wie: «Und, welche Aktien hast du?», heute fragt er: «Und, kochst du auch nach Jamie Oliver?» Der Dax interessiert ihn mittlerweile nur noch, wenn er zum Bärlauchpesto passt.

Wohl am deutlichsten zeigt sich die Veränderung des Männerbildes an Barack Obama. Dieser Mann hat Einfühlungsvermögen, Sensibilität, soziale Intelligenz und Kommunikationsfähigkeit. Im Prinzip ist er der erste weibliche Präsident der USA. Kein Wunder, dass er sich bei den Vorwahlen gegen Hillary durchgesetzt hat. Früher inszenierten sich US-Präsidenten als einsame Kämpfer für Freiheit und Gerechtigkeit. Reagan spielte den Cowboy, der Bush-Clan ließ die Muskeln spielen und Bill Clinton seine Zigarre. Obamas erste Amtshandlung war die Suche nach einem hypoallergenen Hund für seine Töchter. Während der mächtigste Mann der Welt mit verführerischer Stimme «Yes, we can» schalmeit, gräbt seine Frau den Garten des Weißen Hauses um. Die erste First Lady, die ihrem Mann körperlich überlegen ist. Erniedrigend!

Nur manchmal, wenn Michelle schon im Bett ist, zieht sich Barack heimlich den Glanzjogger an und setzt sich mit einer Dose *Budweiser* stumpf vor den Fernseher. Ab und an schläft er dabei sogar ein. Der letzte Rest männlicher Freiheit!

Aber dieser Drang zur Freiheit steckt in uns Männern einfach drin. Warum, glauben Sie, gehen die Stones immer noch auf Welttournee? Nicht wegen der Kohle. Nein. Um einfach mal rauszukommen! Für eine Rocklegende gibt's doch nichts Entwürdigerendes als ein biederes, unfreies Alltagsleben, in dem die Frau permanent herummäkelt: «Hier, Mick, geh doch mal mit dem Hund raus! Kannst auch gleich den Müll mitnehmen.» Genauso sind vermutlich auch all ihre Songs entstanden: «You cant't always get what you want!», «Und morgen streichst du endlich das Garagentor!» – «I see a red door and I want it painted black!» Und seien wir mal ehrlich: Bei einer Frau, die den Namen «Angie» trägt – da ist auch nix mit satisfaction!

Die Anforderungen an uns Männer sind in den letzten Jahrzehnten immer komplexer und widersprüchlicher geworden. Einerseits erwartet man von uns, dass wir konfliktfähige und mitfühlende Familienväter sind, aber gleichzeitig zielstrebig und entschlossen im Beruf den Konkurrenten ausschalten. Morgens mit Benni zum Origami-Basteln, und mittags Herrn Schneider von der Buchhaltung zusammenfalten.

«Wir Männer müssen uns verändern. Denn die Zukunft ist weiblich!», sagt mein Kumpel Ralf. Aber zu welchem Preis? In dem Film *Was Frauen wollen* hat der Hauptdarsteller Mel Gibson die Gabe, die Gedanken von Frauen zu hören. Daraufhin passt er sich ihnen an – und ist nach wenigen Wochen reif für die Klapse. Einfühlsamkeit und Sensibilität scheinen eben nicht unsere Kernkompetenzen zu sein. «Die männliche Verunsicherung ist riesig!», sagt auch Professor Matthias Franz vom Institut für Psychosomatische Medizin an der Uni Düsseldorf. – «Wenn sich heute eine Frau vor mir auszieht», verriet mir Ralf, «dann überlege ich, ob ich ihre Kleider nach Koch- und Buntwäsche sortieren soll ...»

Im Gegensatz zum Machoimage von früher haben wir heute wenigstens mehr Freiraum: Wir dürfen Karriere *und* den Abwasch machen, Winterreifen *und* Windeln wechseln. Vielleicht ist der *neue Mann* ja doch nicht so unfrei. Früher hieß der einzige Männerduft «Schweiß», heute gibt's bei Douglas unzählige Varianten – von blumig-süß bis herb-holzig.

Mein Kumpel Ralf drückte mir neulich einen Gutschein für ein Beauty-Center speziell für Männer in die Hand. «Geh da hin und lass dich mal so richtig verwöhnen.»

Schon beim Betreten der Schönheits-Oase schlug mir der süßliche Geruch diverser Duftkerzen entgegen, der sich mit der dezenten Wellness-Musik (einer teuflischen Mischung aus Gheorghe Zamfir und Richard Clayderman) zu einer einlullenden Melange verband. Ludmilla, eine fünfzigjährige Russin, die ihrer Statur nach in der ehemaligen Sowjetunion eine Professur in Hammerwurf innegehabt haben musste, begrüßte mich mit schraubstockartigem Händedruck und sagte freundlich, aber bestimmt: «Bitte in Kabinä fünf und obbä freimachää.»

Sie schien mir meine leichte Unsicherheit anzusehen, denn in der Kabine beruhigte sie mich: «Machä erst Reinigung von Haut mit Creme von Alge und Traubekernöl – tutä gut …» Und das tat es wirklich. Nach zehn Minuten Einwirkzeit konnte ich so weit entspannen, dass auch mein Ruhepuls wieder deutlich unter hundertdreißig Schlägen lag. «Habä säär trockenä Haut …», unterbrach Ludmilla die Stille und klatschte mir eine feuchtwarme Tuchkompresse über das Gesicht. «Haut müssä quellen, damit Pore öffne könnä …» – Poren öffnen? Warum in Gottes Namen sollen sich meine Poren öffnen??? «Wäge Mitesserentfernung! Kannä bissä wääh tun. Besonders an Nasefligel. Muss aber sein.»

Schon beim ersten Druck schossen mir vor Schmerz die Tränen in die Augen. Auf Ludmillas Gesicht zeigte sich ein zufriedenes Lächeln. Warum nur hat jedes weibliche Wesen dieses zutiefst sadistische Interesse an Dermatologie? Einerseits wünschen sich Frauen einen sensiblen Mann, aber wenn es um Mitesserentfernung geht, muss er andererseits die Zähne zusammenbeißen. Ich vermute, es ist pure Rache. Weil wir Männer nicht den Geburtsschmerz erleiden müssen.

Nach endlosen zwanzig Minuten ließ es Ludmilla endlich gut sein und löschte meine mittlerweile krebsrote Gesichtshaut mit einem Gesichtswasser ab, das dem Brennen nach aus einer Mischung aus Pinselreiniger und geriebenen Chilischoten bestehen musste.

«Puma, Puma – hier Löwe, hier Löwe – hol mich hier raus – kommen, kommen.»

VIELLEICHT IST DIE MÄNNLICHE VORSTELLUNG VON FREIHEIT JA AUCH EIN RIESENGROSSER MYTHOS. Es hat sich eben viel verändert in den letzten Jahrzehnten. Unsere Welt ist komplexer und komplizierter geworden. Und mit Kompliziertheit tun sich viele schwer. Nicht nur wir Männer. Insgeheim suchen wir alle nach klaren Regeln. Was aber, wenn es die immer weniger gibt? Früher machte man eine Lehre im Nachbardorf, wurde übernommen und bekam später eine Armbanduhr für fünfzig Jahre Betriebszugehörigkeit. Heute absolviert man Praktika auf vier Kontinenten, wechselt alle zwei Jahre den Arbeitgeber und wird mit fünfzig Jahren outgesourct. Was macht die Globalisierung mit uns? Führt sie zu mehr Freiheit, oder war die «gute alte Zeit» doch besser?

Darüber habe ich mich mit Artur Fischer unterhalten. Über 1100 Patente bzw. Gebrauchsmuster hat der einundneunzigjährige Schwabe inzwischen angemeldet und bewegt sich damit auf der Ebene von Edison. Darunter befinden sich so weltbekannte Produkte wie der Blitzlichtwürfel, der fischer-Dübel und der fischertechnik-Baukasten. Einzig die Erfindung der Fischer-Chöre hat ihm jemand anders vor der Nase weggeschnappt. Ich besuchte ihn an einem sonnigen Märztag in Waldachtal, dem Stammsitz der Fischerwerke.

Hier bastelt, entwirft und grübelt der Seniorchef bis zum heutigen Tag an neuen Ideen. Ich trete durch die Glastür und befinde mich in einem Foyer mit einer altmodisch geschwungenen Holztreppe, die so aussieht, als ob jetzt gleich J. R. Ewing die Stufen herabschreiten und so etwas sagen würde wie: «Sue Ellen trinkt wieder ...»

Angst vor Veränderungen hat der 1,64 Meter kleine Mann mit den verschmitzten Augen nie gehabt: «Es gibt keine Waffe, die so tödlich ist wie das Aufgeben. Wir haben einen Kopf, und es gibt keine Waffe, die den Geist töten kann, wenn er ein Ziel verfolgt. Dieser Geist unterliegt keiner Währungsreform. Man muss sich anstrengen, und man muss es wollen.»

Wenn man ihm zuhört, kommen einem viele Zukunftsängste ziemlich klein und unbedeutend vor: «Die größte Freiheit, die Sie haben, ist Selbstbestimmtheit. Die Menschen fragen sich: Wo stehe ich? Bin ich am Ende meines Lateins, oder fange ich erst damit an? Derjenige, der sich am Ende des Lateins sieht, hat nie angefangen.» Ein faszinierender, inspirierender Mensch. Vielleicht hätte ich ja meinen Onkel Heinz zu dem Gespräch mitnehmen sollen ...

....

WISSEN SIE, WAS UNFREIHEIT IST? WOLLEN SIE SICH
ALS FAMILIENBETRIEBSCHEF VOR AKTIONÄRE STELLEN,
DIE IHNEN SAGEN, WAS SIE ZU MACHEN HABEN?
SIE BEGEBEN SICH IN EIN GEFÄNGNIS, AUS DEM SIE
NICHT MEHR HERAUSKOMMEN.

Prof. Dr. Artur Fischer

....

Prof. Dr. Artur Fischer,
Erfinder

Wir leben in einem Land, in dem Meinungs- und Religions-freiheit hoch angesehen werden. Auch auf unsere Presse- und Reisefreiheit sind wir stolz. Bei dem Recht, freien Handel zu betreiben, sind wir jedoch skeptisch. Die freie Marktwirtschaft hat keinen besonders guten Ruf. Viele glauben, sie fördere so-wohl Egoismus als auch Ungerechtigkeit und stürze die Welt ins Chaos. Wahrscheinlich haben deswegen vierzig Prozent der Deutschen sogar Angst vor ihr. Damit liegt der Kapitalis-mus noch vor der Klimakatastrophe, Virginia Woolf und dem Schwarzen Mann.

Mein Onkel Heinz gehört zu diesen vierzig Prozent. Jeder Wirtschaftsboss ist für ihn ein Krimineller. «Die Drecksäck da obbe mache doch, was se wolle. Un de klaane Mann guckt mim Arsch uff die Uhr.» Heinz ist fünfundfünfzig Jahre alt, Kfz-Mechaniker und Gewerkschaftsmitglied. Seit ich denken kann, ärgert er sich grün, wählt Rot, ist abends blau und arbei-tet nebenbei schwarz. Ein bunter Hund. Dreimal im Jahr streift er sich eine Mülltüte über, stellt sich mit einer Rassel vor die Tore seines Arbeitgebers und ruft mit seinen Genossen Paro-len, die man leider nicht verstehen kann, weil die meisten seiner Mitstreiter eine Trillerpfeife im Kehlkopf implantiert haben. Eigentlich sind die Forderungen der Gewerkschaften seit drei-ßig Jahren dieselben: mehr Geld, weniger arbeiten. «Mir for-dern mehr Prozende – mit fuffzisch in die Rende!»

Stellen Sie sich mal vor, zu Zeiten von König Ramses hätte es eine Fünfunddreißig-Stunden-Woche gegeben. Da wäre von den Pyramiden gerade mal die Tiefgarage fertig geworden. «Tut uns leid, Pharao, aber wir haben Zeitausgleich!» Letztes Jahr hat die IG Metall sogar eine Studie in Auftrag gegeben, die ergab, dass Arbeit die Hauptursache aller Betriebsunfälle ist.

Als Heinz 1971 seine Lehre begann, war die Welt noch klar und einfach. Es gab zwei Weltmächte, zwei Fernsehprogramme und zwei große Volksparteien. Gut und böse waren eindeutig unterscheidbar. Und wir sind alle mit realen Bedrohungen aufgewachsen: Kalter Krieg, Nato-Doppelbeschluss, Apfelshampoo. Jeden Morgen ging Onkel Heinz stolz durchs Werkstor und montierte Hutablagen in Autos, deren Modellnamen an Meerestiere und Schweizer Urlaubsorte erinnerten. Als fertiger Geselle verdiente er sieben Mark in der Stunde, hatte sechsundzwanzig Tage Urlaub im Jahr und träumte von einem orangefarbenen Sportcoupé aus hauseigener Produktion. Natürlich mit Fuchsschwanz, Lufthutze und Rallyestreifen. Heinz war zufrieden. Heute hat er ein eigenes Häuschen, sitzt unkündbar im Betriebsrat, fährt heimlich Daimler-Benz und nölt den ganzen Tag herum.

«Es werd immä schlimmä mit dem Turbokapitalismus. Guck dir doch mal die Armut in Deutschland an ...» Traurig, aber wahr. Jedes Jahr zur Spargelernte und Weinlese müssen Zehntausende Ukrainer, Tschechen und Weißrussen nach Deutschland gekarrt werden, weil die von Armut betroffenen Deutschen mittlerweile zu schwach sind, um diese Arbeiten auszuführen zu können. Da immer mehr Manager aus Profitgier unsere Arbeitsplätze nach Polen verlagert haben, haben die Polen mittlerweile Wichtigeres zu tun, als uns den Spargel zu stechen und den Wein zu lesen. Ich befürchte, wenn diese Entwicklung in dem Tempo weitergeht, haben bald auch die Ukrainer, Weißrussen und Tschechen keine Zeit mehr für uns. Dann müssen wohl oder übel die Kasachen und Mongolen ran. Aber ob sich das noch mit den Fahrkosten rechnet? Vielleicht kann man da ja was mit der Pendlerpauschale machen.

«Scheiß Globalisierung», lautet der frustrierte Kommentar meines Onkels. Ein bisschen kann ich ihn sogar verstehen. Denn Globalisierung bedeutet, dass ein Rüsselsheimer Facharbeiter seinen Job verliert, damit in Neu-Delhi zwei neue entstehen können. Das ist zwar toll für die Inder, aber meinem Onkel macht das Angst.

Wenn früher in China ein Sack Reis umfiel, kümmerte das niemanden. Heute dreht der Dax durch. Unsere Welt ist kompliziert geworden. Und das verunsichert viele. Es ist noch nicht lange her, da haben die Prolos im Fußballstadion gerufen: «Bimbos raus!» Da wäre heute die eigene Mannschaft weg. Vor ein paar Monaten habe ich in der *Champions League* Arsenal London gesehen. Nur ein einziger Spieler mit englischer Staatsbürgerschaft stand auf dem Platz. Und der spielte bei Barcelona. Das ist Globalisierung: Alles ist mit allem verbunden. Wenn man sich am Hintern ein Haar ausreißt, tränt das Auge.

Dabei ist die Idee des globalen Handels keine neue Erscheinung. Bereits im sechzehnten Jahrhundert sind die Spanier nach Südamerika gefahren und haben den Indios Gold, Kartoffeln und Tomaten geraubt. Dafür spielen diese zur Strafe bis zum heutigen Tag Panflöte in der Fußgängerzone. Vielleicht gibt es ja deswegen in Deutschland so viele Globalisierungsgegner.

Doch seit der freie Handel große Teile der Welt erfasst hat, haben sich mehr Menschen von Armut befreit als jemals zuvor in der Geschichte. In den letzten fünfzig Jahren sank der Anteil der Menschen, die in den Entwicklungsländern nicht genug zu essen hatten, von fünfundvierzig auf achtzehn Prozent. Im selben Zeitraum stieg die weltweite Lebenserwartung von fünfunddreißig auf siebenundsechzig Jahre.

Selbst die schlechten Dinge haben sich verbessert. Nervige Musik beispielsweise ist durch die Globalisierung viel kürzer geworden. Während Richard Wagners *Ring des Nibelungen* mehr als drei Tage dauert, dudelt *Poker Face* von Lady Gaga kaum mehr als drei Minuten.

Überall, wo Regierungen am Weltmarkt teilnehmen, geht es bergauf. In einigen Provinzen Chinas liegt die Lebenserwartung mittlerweile sogar drei Jahre über der von Deutschland. Ich glaube, die Menschen dort sind viel zu beschäftigt, um zu sterben. Natürlich ist in China noch lange nicht alles gut. Die Analphabetenquote liegt zum Beispiel bei über fünfzehn Prozent, und über 1,3 Milliarden Chinesen können immer noch nicht das Wort «Reis» aussprechen. Auch politisch gesehen ist China alles andere als offen. Ein falsches Wort bei einem Staatsbankett – und es gibt Atomkrieg oder Frühlingsrolle.

Meinem Onkel sind die positiven globalen Entwicklungen wurscht. Stattdessen fürchtet er, dass die Hutablage demnächst in einem Werk in Bangalore eingebaut wird. Dabei hat der Inder zu Hüten überhaupt keinen Bezug. Jeder weiß doch, dass Turbane in den Erste-Hilfe-Kasten gehören.

Die freie Marktwirtschaft macht ihm Angst, weil sie seinem Arbeitgeber mehr Freiheiten gibt, als er ertragen kann. Deswegen findet er auch den Gedanken an staatliche Regulierungen so charmant und fordert bei den Gewerkschaftsdemonstrationen ein konsequentes Eingreifen von Frau Merkel. Aber was genau soll die gute Frau denn tun? Die Grenzen dichtmachen und eine Mauer hochziehen?

Heinz' Angst lähmt sein Denken und nimmt ihm die Freiheit, Fakten zu sehen: Denn tatsächlich gibt es sehr wenige Beispiele, in denen staatliche Lenkung besser funktioniert als freie Marktwirtschaft. Im Ostblock wurden bekanntlich die Straßen nicht unter dem Gesichtspunkt angelegt, dass vielleicht jemand irgendwo hingelangen will, sondern unter dem, wie man darauf die eindrucksvollsten Militärparaden abhalten kann. Die Ampelschaltungen in Chemnitz oder Leipzig wurden nicht etwa so eingestellt, dass der Verkehrsfluss garantiert war, sondern so, dass drei Luftwaffenbatallione und hundert Raketenwerfer innerhalb einer Grünphase die Kreuzung passieren konnten.

Immer dann, wenn man versucht hat, Wettbewerb und Konkurrenz zu unterdrücken, ist man damit gegen die Wand gefahren. Wenn Sie in der DDR in einen Eisenwarenladen gegangen sind, haben Sie keine Nägel bekommen. Da gab's auch keinen Hammer. Von einer Sichel ganz zu schweigen. Das Einzige, was die hatten, war: «Geöffnet». Und das auch nur, weil es noch nicht mal Schlösser gab.

Die meisten Menschen glauben dennoch: Je komplizierter eine Gesellschaft ist, desto weniger dürfe man sie sich selbst überlassen. Das heißt, umso mehr muss sie gelenkt, geplant, reguliert und konstruiert werden. Das ist ein großer Trugschluss. Aus der Physik weiß man, dass sich nur die allereinfachsten Systeme sinnvoll regulieren lassen. Je komplexer ein System wird, umso kontraproduktiver erweist sich eine bewusste Steuerung. Ein Beispiel: Die holländische Gemeinde Drachten hatte mit einer sehr hohen Verkehrsbelastung zu kämpfen. Also versuchte man, den Verkehr durch immer mehr Ampelanlagen und Schilder besser in den Griff zu bekommen. Mit katastrophalen Folgen. Bis der städtische Verkehrsplaner auf eine vollkommen verrückte Idee kam: Er ließ praktisch über Nacht alle Ampeln und Schilder abbauen! Mit dem paradoxen Ergebnis, dass nach kurzer Eingewöhnungsphase der Verkehr plötzlich wieder geflossen ist. Die Autofahrer achteten nicht mehr auf starre Regeln, sondern auf die anderen Verkehrsteilnehmer.

Ich glaube, manchmal ist es besser, nichts zu tun als das falsche. Auch wenn das mein Onkel Heinz partout nicht einsehen will. Insgeheim sehnt er sich nach einer DDR-light, in der es keine Arbeitslosigkeit gibt, kein Outsourcing und vor allem keine asiatischen Reisschüsseln mit serienmäßiger Sitzheizung und affiger Einparkhilfe. Jedes Mal, wenn er auf seinem Samsung-Flachbildschirm die neueste Toyota-Werbung sieht, schaltet er demonstrativ auf *Arte*.

Freie Marktwirtschaft garantiert uns Wohlstand, Kiwis für neunundzwanzig Cent und die Chance, dass ein indischer Arbeiter sich aus eigener Kraft von Armut befreien kann. Und irgendwann kann er sich vielleicht sogar ein orangefarbenes Sportcoupé aus hauseigener Produktion leisten. Mit Fuchsschwanz, Lufthutze und Rallyestreifen. Turbanablage inklusive.

Natürlich wird der freie Markt nie perfekt funktionieren, aber er funktioniert immer noch besser als die meisten staatlichen Lenkungen. Wem vertrauen Sie mehr: eBay oder unserem Rentensystem? Wo ist es sicherer? In Ihrem Garten oder im Stadtpark? Wo ist es sauberer? Auf öffentlichen Toiletten oder in Ihrem Badezimmer? Sollten Sie ein männlicher Single sein, vergessen Sie die letzte Frage.

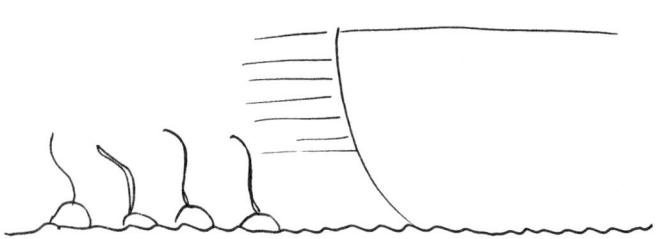

DAS SCHIFF VERLÄSST DIE SINKENDEN RATTEN

Bernd Römer,
Gitarrist KARAT

»DER SOZIALISTISCHE GEDANKE IST JA VOM URSPRUNG HER EIN SEHR HUMANER UND SPRICHT UNS ALLEN EIGENTLICH AUS DEM HERZEN. Andererseits ist dieses Ideal wohl leider nicht verwirklichbar. Es gibt so vielfältig unterschiedliche Veranlagungen, und diese streben nach Freiräumen und individueller Freiheit. Und damit ist die Idee fast schon gestorben.« Diese Worte stammen von Bernd Römer, dem Gitarristen der Rockband *Karat*. Sie wissen schon: *Über sieben Brücken musst du geh'n.*

Ich traf Bernd kurz vor dem fünfunddreißigjährigen Bandjubiläum auf der Berliner Friedrichstraße vor dem berühmten Tränenpalast. Klar, dass ich mich mit ihm über das Leben damals im Osten unterhielt. »Wir sind in einem Land aufgewachsen, in dem die Freiheit mit Füßen getreten wurde. Mit unserer Musik haben wir uns unsere eigene Freiheit geschaffen.«

Dass ihnen das politische System möglicherweise die Karriere verbaut hat, sieht er heute beneidenswert gelassen: »Immerhin hat uns dieses System provoziert, Songs mit diesen Inhalten zu schreiben. Du kannst in einer vermeintlich freien Gesellschaft leben oder nicht, aber das Allerwichtigste sind Freunde und Kollegen.»

Da trifft man sich mit einem echten Rock 'n' Roller mit langen Haaren, Ohrring und enger Jeans, erwartet schlüpfrige Geschichten aus dem Showgeschäft, und dann redet der Mann die ganze Zeit von Bodenständigkeit, Treue und seiner Kindheit in Erfurt. «Das Umfeld, die Familie sind viel, viel wichtiger als eine Gesellschaftsordnung.»

Als wir uns verabschiedeten, dachte ich noch lange über seine Worte nach. Ist auch mir der Ort völlig egal, Hauptsache, meine Familie, meine Freunde sind bei mir? Warum lebe ich genau da, wo ich lebe? Und warum lebe ich eigentlich nicht mehr in Amorbach ...?

....

FREIHEIT IST RELATIV. TROTZ ALLER EINENGUNGEN,
DIE ICH ERLEBT HABE, UND AUCH WENN ICH
MANCHMAL AM BODEN WAR – RICHTIG UNFREI
HABE ICH MICH NIE GEFÜHLT.

Bernd Römer

....

KEINER KANN RAUS, NIEMAND WILL REIN

Für den einen ist das ruhige Landleben der Inbegriff von Freiheit, ein anderer fühlt sich in der hektischen Anonymität einer Großstadt erst richtig frei. Es soll sogar Menschen geben, die in Bielefeld glücklich sind. Neulich las ich gar von einer Frau, die sich den Innenstadtplan von Hannover auf ihren Rücken hat tätowieren lassen. Von Hannover! Na ja, immerhin muss sie ihn ja nicht selbst sehen.

Die Wahl unseres Wohnortes sagt einiges über unseren persönlichen Freiheitsbegriff aus. Mein Freund Thomas stellt sich jeden Tag zwei Stunden in den abgasverseuchten Berufsverkehr, um in seinem Reihenhäuschen in der Wetterau die frische Landluft zu genießen. Mein Kumpel Jürgen wiederum lebt mitten in der Innenstadt, weil er sich sagt: Warum soll ich jeden Monat tausendzweihundert Euro für eine kleine Zweizimmer-Wohnung ausgeben, wenn ich sie auch für das Doppelte haben kann? Dafür wohnt er aber auch in Fußnähe von edlen Modeboutiquen, hochklassigen Theatern und noblen Restaurants, die er regelmäßig besuchen würde, wenn nicht so tierisch viel Geld für die Miete draufginge.

Ich komme ursprünglich aus einer sehr ländlichen Region, dem bayerischen Odenwald, einer traumhaften Gegend. Genau genommen sind neunzig Prozent des Odenwalds nur Gegend. Der Rest ist Umgebung, und sonst gibt's da eigentlich nichts.

Geboren und aufgewachsen bin ich in dem idyllischen Städtchen Amorbach, zehn Häuser, zwei Kirchen und der Rest Attrappen. Viertausend Einwohner und drei Nachnamen.

Was kann es Freieres geben, als seine Kindheit auf dem Land zu verbringen? Irgendwie ist dort alles noch so intakt. Begriffe wie Freundschaft, Familie, Inzucht ... – so was kennt man in den Großstädten ja kaum noch. Und wenn der Cousin gleichzeitig Onkel, Bruder und Schwippschwager ist, muss man sich auch noch viel weniger Geburtstage merken.

Mein Vater mag es übrigens gar nicht, wenn man sich über Amorbach lustig macht. Regelmäßig beschwert er sich bitterlich bei mir: «Ha, du duuscht ja grad' so, als ob Amorbooch e Kaff wär'...» Mal ehrlich, was bitte soll man sonst über eine Stadt sagen, deren Stadtplan im Maßstab 1:1 herauskommt?

Zugegeben, ein wenig Glamour hat das Städtchen schon: Das Summen der Hochspannungsmasten bei Gewitter beispielsweise. Auch kulturell ist einiges los. Seit über fünf Jahren gibt es einen Kreisverkehr. Den Europa-Kreisel! Zur Einweihung kam sogar der Landrat, und die Blaskapelle spielte. Außerdem befindet sich in Amorbach die zweitgrößte Barockorgel der Welt. Ein riesiges Teil. Halb Amorbach besteht praktisch aus Barockorgel. Sie hat ein unglaubliches Klangvolumen. So laut und durchdringend, dass bei jedem Orgelkonzert die Spatzen tot vom Baum fallen. Inzwischen werde ich übrigens auf der Wikipedia-Seite von Amorbach als «Sohn der Stadt» bezeichnet, zusammen mit einem Phytopathologen, einem Schuhfabrikanten und einem Weihbischof. Wow!

Auch der große Max Planck war ein riesiger Fan meiner Heimatstadt und verbrachte regelmäßig seine Sommerfrische hier. Wahrscheinlich aus rein wissenschaftlicher Neugierde, denn im Odenwald treten immer wieder relativistische Effekte auf. Die Relativitätstheorie besagt ja im Kern, dass die Zeit abhängig vom Raum mal schneller und mal langsamer vergeht. Oder wie es Einstein formuliert hat: «Eine Minute hängt empfindlich davon ab, auf welcher Seite der Klotüre man sich befindet.»

Und genau dieses Phänomen ist im Odenwald extrem ausgeprägt. Wenn Sie zum Beispiel in Mainbullau, Wenschdorf oder Kirchzell ein paar Tage verbringen, dann kommt Ihnen das nicht nur wie eine Ewigkeit vor – es *ist* tatsächlich eine!

Im angrenzenden Spessart soll es sogar Dörfer geben, in denen die Zeit seit Jahren komplett stehengeblieben ist. Die Physik bezeichnet dieses seltene Phänomen als *Singularität*. Raum und Zeit kollabieren in einem Punkt. Thermodynamisch gesehen handelt es sich hierbei um ein «in sich abgeschlossenes System»: Keiner kann raus, niemand will rein.

Der Philosoph Theodor Adorno hat einen Teil seiner Kindheit im Odenwald verbracht. Diese Erfahrung brachte er später in seinem wohl berühmtesten Ausspruch auf den Punkt: «Es gibt kein richtiges Leben im falschen.»

Genau das war mir auch schon sehr früh bewusst. Alle paar Monate fuhr ich mit meinen Eltern zum Einkaufen nach Aschaffenburg und schnupperte die große, weite Welt. Aschaffenburg – the city that never sleeps ... Okay, zumindest waren die Geschäfte über Mittag offen. Es gab eine Fußgängerzone und Pizza auf die Hand. Sogar einen Obdachlosen leistete sich die pulsierende Metropole. Hier musste die Freiheit zu Hause sein!

Seit Jahrzehnten existiert ein starker Trend zur Verstädterung. 2008 lebten weltweit erstmals mehr Menschen in Ballungszentren als auf dem Land. Anscheinend verlieren ländliche Regionen massiv an Attraktivität. Was passt nicht in die Reihe: Herpes, Tripper, eine Eigentumswohnung in Brandenburg? Der Tripper. Denn *den* wird man als Einzigen wieder los.

Ich jedenfalls erkannte relativ schnell, dass mir ein Leben in der Großstadt eher zusagt als eines auf dem Land. Sobald ich konnte, verließ ich den Odenwald und zog nach Frankfurt. Dass meine erste Wohnung direkt in der Einflugschneise des Flughafens lag, störte mich nicht. Wer neunzehn Jahre lang direkt mit Barockorgelmusik terrorisiert wurde, ist lärmtechnisch hart im Nehmen.

Am meisten schätze ich die vielfältigen, kulturellen Möglichkeiten. In der *Langen Nacht der Museen* besuche ich mit vierzigtausend Menschen einmal im Jahr die Kunsthallen. Da schaut man sich einen Pieter Brueghel an und denkt: Warum drängeln sich die Intellektuellen darum, einen Haufen Bauern anzustarren – das hätten die in Amorbach einfacher haben können (und wenn Sie den Witz nicht verstehen, sind Sie im Bilde).

Neben Kultur und besseren Verdienstmöglichkeiten ist es vor allem die liberale und kosmopolitische Atmosphäre, die Großstädte für viele so attraktiv macht. So nennen deutsche Großstadtbewohner die Attribute «Weltoffenheit», «Gastfreundlichkeit» und «Toleranz» im Zusammenhang mit urbaner Lebensqualität am häufigsten.

Dennoch war die Stadt für ein Landei wie mich anfangs ein echter Kulturschock. Zum Beispiel fielen mir die vielen gebrauchten Spritzen auf, die überall in den Stadtparks herumlagen. Offenbar haben in der Großstadt nicht nur die Omis Diabetes, sondern auch viele Jugendliche.

Britische Mediziner wollen sogar herausgefunden haben, dass Stadtbewohner ein deutlich höheres Risiko besitzen, an Psychosen zu erkranken. Das Max-Planck-Institut für Psychiatrie schätzt, dass in deutschen Ballungsräumen etwa acht Millionen Menschen psychisch krank sind. Und die Dunkelziffer liegt vermutlich noch höher. Noch vor wenigen Jahren galt man als astreiner Psycho, wenn man durch die Fußgängerzone gelaufen ist und dabei sinnlos vor sich hin gebrabbelt hat. Heute hält man diese Typen für seriöse Banker mit Freisprechanlage.

Auch die hohe Kriminalitätsrate verunsicherte mich. Seit ewigen Zeiten gilt Frankfurt als die kriminellste Großstadt Deutschlands. Böse Zungen behaupten sogar, Frankfurt am

Main wäre so kriminell, eigentlich müsse es an der Oder liegen. Doch in Frankfurt wird nichts so heiß gegessen, wie es gekocht wird. Wenn man beim Schwarzfahren in der U-Bahn ein gültiges Klappmesser dabeihat, kann einem nicht viel passieren.

Erst viel später erfuhr ich, wie sich die Kriminalitätsrate wirklich zusammensetzt. Da der Rhein-Main-Flughafen offiziell zum Stadtgebiet gehört, fließen alle Schmuggel- und Betrugsdelikte, die dort aufgedeckt werden, in die Frankfurter Statistik ein. Zieht man diese Fälle ab, so ist die Stadt wahrscheinlich sicherer als Schwäbisch Gmünd. Und seit am Amorbacher Europa-Kreisel geblitzt wird, überflügelt sogar der Odenwald die Mainmetropole.

«Wie kannscht du nur in so einem Moloch lebe?», fragt mich mein Vater immer wieder, wenn ich ihn zu Hause besuche. «Schlechte Luft, kaa Natur, nur Beton un Stahl!»

Wie so viele ist er der Meinung, das Leben auf dem Land lebe man im Einklang mit der Natur. Doch diese Auffassung ist nicht ganz richtig. Einer Studie der *English Horticultural Society* zufolge herrscht die größte Artendiversität in Parks von größeren Städten und eben nicht in ländlichen Gebieten mit ihren inzwischen üblichen landwirtschaftlichen Monokulturen. Paradox, oder? Während der Städter von der freien Natur träumt, zieht die freie Natur mit Sack und Pack in die Großstadt um und fühlt sich dort pudelwohl. Dort gibt's genug Nahrung, Nischen und Verstecke. Inzwischen bleiben sogar einige Zugvögel im Winter hier, weil es in den Städten wärmer ist. Die pfeifen auf ihren Migrationshintergrund! Auch die meisten Wildtiere sind perfekt in die Großstadt integriert. In Frankfurt hat man Raben beobachtet, die Nüsse auf die Fahrbahn geworfen haben, damit die Autos drüberfahren und sie knacken. In Offenbach soll es sogar ein Krähenpaar geben, das die Autos kurzschließt und dann selbst damit über die Nüsse brettert.

Inzwischen wohne ich mein halbes Leben in der Mainmetropole und genieße das. Obwohl die Stadt einen eher schlechten Ruf hat. Viele sind der Meinung, der typische Frankfurter sei unfreundlich, spreche einen fürchterlichen Dialekt und habe keine Aufenthaltsgenehmigung.

Trotzdem liebe ich diese Stadt. Denn hier existieren mehrere Welten in friedlicher Koexistenz. Einerseits die dörfliche Gemeinschaft in den Stadtteilen mit kleinen Wochenmärkten und intimen Apfelweinkneipen – andererseits das weltmännische, hektische Leben einer internationalen Bankenmetropole. Hier schert sich keiner darum, wenn ich mittags um drei in Frauenkleidern Tai-Chi im Stadtpark mache. Sie hätten mal sehen sollen, was da in Amorbach immer los war!

Für meinen Vater wäre ein Leben in der Stadt der Horror. Er schätzt das ruhige, behagliche Landleben im Odenwald, wo jeder jeden kennt. Er hat eine nette, hilfsbereite Nachbarschaft, trifft sich seit vierzig Jahren mit seinen Freunden sonntags zum Frühschoppen und wurde als Vorstandsmitglied des Turnvereins zur großen Europa-Kreisel-Eröffnung sogar persönlich eingeladen. Und auch wenn immer mehr junge Menschen vom Land in die Stadt flüchten, weil sie dort mehr Entfaltungsmöglichkeiten sehen, gibt es doch einige Ausnahmen. Ein ehemaliger Klassenkamerad von mir verließ nach dem Abitur den Odenwald und studierte in Berlin Pharmazie. Mit dem hektischen Großstadtleben konnte er sich allerdings nie anfreunden. Deswegen kam er nach dem Studium wieder zurück, übernahm die einzige Apotheke Amorbachs, heiratete seine Jugendliebe und führt seitdem ein erfülltes, glückliches Leben. Jedes Mal, wenn ich ihn besuche, versichert er mir, wie frei er sich in dem kleinen, idyllischen Barockstädtchen fühlt. Möglicherweise ja auch nur, weil er problemlos an Psychopharmaka rankommt ...

>>>>> WIE ES DER ZUFALL WOLLTE, FÜHRTE MICH DIE NÄCHSTE ETAPPE MEINER FREIHEITSSUCHE GENAU IN DEN STUDIENORT MEINES KLASSENKAMERADEN: NACH BERLIN – die Stadt, in der es Bezirke gibt, in denen fünfzig Prozent der Bevölkerung keine ordentliche Schulbildung haben. Und da ist das Regierungsviertel noch gar nicht mitgezählt. Auf der Ruhrleber Straße sah ich ein Baustellenschild: «Freiheit ab Klärwerk gesperrt». Was will uns Berlin damit sagen?

Ich wollte mich mit jemandem treffen, der den Entzug von Freiheit am eigenen Leib erfahren hat, einem echten Kriminellen: Ludwig Lugmeier. In den Siebzigern erbeutete er zwei Millionen Mark beim Überfall auf einen Geldtransporter. Nach einer spektakulären Verfolgungsjagd wurde er gefasst und saß elf Jahre im Gefängnis. Seit seiner Entlassung 1989 lebt er als Schriftsteller in Berlin. Wie hält man eine so lange Zeit in Unfreiheit aus? Lugmeier schmunzelt. «Ich glaube, dass Otto Normalverbraucher keine allzu großen Schwierigkeiten hätte,

Ludwig Lugmeier, Bankvräuber a. D.

im Gefängnis zu sein. Der ist bestens dafür geeignet. Der ist gewissermaßen fürs Gefängnis erzogen.»

Unwillkürlich muss ich an meinen Nachbarn denken, der sich jeden Morgen wie ein geprügelter Hund ins Büro schleppt und ansonsten unter der Knute seiner Frau steht. Einmal im Jahr gibt's fünf Tage Freigang mit den Kumpels aus dem Kegelklub.

«Der Unterschied zwischen legaler und illegaler Arbeit besteht im Vergnügen. Das Geld war mir schon sehr wichtig. Aber die eigentliche Triebfeder war die Selbstgestaltung», gibt Lugmeier zu.

Aha. Die einen machen einen Selbstfindungskurs in der Toskana, andere rauben eben eine Bank aus. Jeder nach seinem Vermögen.

Lugmeier ist bestimmt kein Typ, mit dem ich sechs Wochen lang im Einmannzelt durch Schweden reisen möchte, aber seine rigorose Ehrlichkeit hat schon was! Kein Wischiwaschi. Er macht niemanden für sein Leben verantwortlich, außer sich selbst.

«Zwei Sachen wollte ich in meinem Leben machen: schreiben und einen wirklich großen, ästhetisch einwandfreien Coup drehen.» Klingt ziemlich abgeklärt. Aber war das *wirklich* seine freie Entscheidung …?

....

ICH GLAUBE, FREIHEIT HAT MIT RAUMÖFFNEN ZU TUN,
MIT ATMUNG, MIT LUFT. DAS HEISST ERST MAL,
SICH DIESEN RAUM AUFZUMACHEN – WENN ES
NOTWENDIG IST, MIT EINER PISTOLE.

Ludwig Lugmeier

....

LADENDIEBSTAHL LOHNT SICH DOCH

9. «Kein Wissen gibt's, der Seele Bildung im Gesicht zu lesen», sagte einst König Duncan in Shakespeares *Macbeth*. Diese bittere Erkenntnis entspricht genau dem Satz, den man von Menschen hört, nachdem sie erfahren haben, dass ihr Nachbar Amok gelaufen ist. «Ich kann mir des gar net vorstelle. Der hat doch immer so nett gegrüßt!»

Abends wird dann in den *Tagesthemen* ein Psychologe live zugeschaltet, der dem geschockten Volk erklärt, dass es rückblickend «extrem viele Hinweise auf die schreckliche Tat» gegeben habe. Der Amokläufer sei ein unauffälliger Einzelgänger, der selbst in seinem Schützenverein keine großen Freundschaften pflegte, aber immer sehr nett gegrüßt habe.

Dann durchforstet man seinen Computer und findet meistens einen Ego-Shooter auf der Festplatte. Zum Beispiel *Counterstrike*. Oder Schach. Ein perfides Gewaltspiel, in dem wehrlose Bauern, Damen und Pferde rücksichtslos geschlagen werden. Auch Tischtennis ist inzwischen verdächtig, weil ein Amokschütze in den USA begeisterter Tischtennisspieler war. Außerdem hat er vor jedem Spiel seinen Gegner sehr nett begrüßt. Eigentlich hätte man spätestens da stutzig werden müssen.

Was treibt einen Menschen dazu, Unrecht zu begehen? Haben wir die freie Wahl, uns für oder gegen geltendes Recht zu entscheiden? Oder verspüren Verbrecher einen inneren Drang, den sie nicht beeinflussen können? Macht uns vielleicht eine verkorkste Kindheit zu Tätern? Die Wissenschaft antwortet mit einem klaren: mal so, mal so.

Professionelle Diebe beispielsweise möchten mit relativ wenig Arbeit relativ schnell reich werden. Nach Abwägung aller Vor- und Nachteile sind sie zu dem Schluss gekommen, dass ihnen das kriminelle Milieu unterm Strich mehr zu bieten hat als ein anstrengender Job als Physiker oder Klofrau. Deswegen entscheiden sie sich für eine Tätigkeit als Trickbetrüger, Wohnungseinbrecher oder Gebrauchtwagenhändler. So gesehen sind Straftaten dieser Art eine etwas exzentrischere Form von Unternehmertum und damit eine bewusste und freie Entscheidung. Schon Al Capone wusste: «Mit einem freundlichen Wort und einem Gewehr kommt man viel weiter als mit einem freundlichen Wort allein.» Ein solches Vorgehen kann durchaus lukrativ sein. Allein in Deutschland setzt die Ladendiebstahlbranche pro Jahr über vier Milliarden Euro um. Wieso hängt dann eigentlich in jedem Geschäft ein Schild mit der Aufschrift: *Ladendiebstahl lohnt sich nicht*? Ich finde, da wird einem ganz frech ins Gesicht gelogen!

Vor diesen Tätergruppen kann man sich gut schützen. So ist es statistisch eindeutig erwiesen, dass aus parkenden Autos, in denen keine Fotoapparate herumliegen, auch keine Fotoapparate geklaut werden. Probieren Sie's einfach mal aus.

Die höchste Form des freien Unternehmertums ist das organisierte Verbrechen. Meist agiert die «Familie» diskret und gut vernetzt inmitten der Gesellschaft. Sie verspricht Schutz und Sicherheit und verlangt dafür eine monatliche Entlohnung, das sogenannte Schutzgeld. In Deutschland beträgt dieser Betrag bis zu fünfundvierzig Prozent des jeweiligen Einkommens. Führt man dieses Geld nicht regelmäßig ab, erscheinen kurze Zeit später unauffällig aussehende Männer mit Aktentaschen und Trenchcoats und erklären einem in kryptischen Formulierungen, dass man doch lieber zahlen solle, andernfalls könne es «Probleme geben».

Die Organisation ist mächtig, hat gute Kontakte in die Politik und agiert praktisch im rechtsfreien Raum. Man geht sogar davon aus, dass ihre Machenschaften von der Regierung stillschweigend gedeckt werden. Ab und an tun sie sich mit ausländischen Kleinkriminellen zusammen, die ihnen dann geheime Daten über Aussteiger, die sogenannten Steuersünder – wie es in der Szenesprache heißt – übergeben.

Auch ich verfüge über eine gewisse kriminelle Energie. Seit einigen Jahren sammle ich nämlich Punkte. Nicht bei Payback, sondern in Flensburg. Habe ich mich willentlich dafür entschieden? Bin ich ein eiskalter Täter, der ohne Rücksicht auf Verluste seinen Vorteil im Blick hat? Oder könnte es vielleicht daran liegen, dass ich sechzigtausend Kilometer im Jahr auf Deutschlands Straßen unterwegs bin?

Mein Vater jedenfalls schüttelt angesichts meines Punktekontos nur verständnislos den Kopf. «Was habbe mir nur bei dir falsch gemacht? Ich hatt' noch NIE Probleme mit dem Gesetz!» Was allerdings bei einer jährlichen Fahrleistung von dreihundert Kilometern keine große Kunst ist. Bei seinen üblichen Fahrten zu Friedhof, Altglascontainer und Kfz-Inspektion ist die Wahrscheinlichkeit, in eine tückische Radarfalle zu geraten, eher gering. Denn meistens stehen Blitzanlagen auf vierspurigen Ausfallstraßen weit außerhalb geschlossener Ortschaften, an Stellen, an denen die Geschwindigkeit dann absurderweise auf siebzig Kilometer pro Stunde heruntergeregelt wird. Wahrscheinlich, weil sich im näheren Umkreis der Leitplanke ein Kindergarten oder ein Seniorenwohnheim befindet.

Innerhalb geschlossener Ortschaften wird grundsätzlich aus einem dunklen Van geblitzt, der vor einem Baumarkt steht. Das sagen zumindest immer die aufgeregt-fröhlichen Radiomoderatoren bei ihren Blitzer-Durchsagen. Manchmal habe ich den

Verdacht, Baumärkte und dunkle Vans wurden nur dafür erfunden, Blitzanlagen zu tarnen. Erst viel später erkannte man, dass man sie auch ganz anders nutzen kann.

Auch bei anderen Verkehrsdelikten schlägt Deutschlands Exekutive immer gnadenloser zu. Fürs Telefonieren während des Fahrens gibt es zum Beispiel einen Punkt. Ab 0,5 Promille sind vier Punkte fällig. Was aber ist, wenn man betrunken telefoniert? Gibt's dann Mengenrabatt? Oder wenn man nüchtern fährt und von einem Betrunkenen aus einem dunklen Van auf einer vierspurigen Ausfallstraße mit überhöhter Geschwindigkeit angerufen wird?

Egal, ob Steuerfahnder, Heiratsschwindler, Verkehrssünder oder Berufspolitiker – diese Klientelen haben sich aus freien Stücken für Gut oder Böse entschieden.

Doch immer mehr Psychologen, Hirnforscher und Strafrechtler zweifeln daran, dass *jeder* Mensch bewusst den Trieb des Bösen unterdrücken kann. In einer amerikanischen Metastudie sind über sechshundert Psychopathen, Straftäter und gewaltbereite Menschen untersucht worden. Ausnahmslos alle Probanden wiesen Veränderungen in bestimmten Teilen des Stirnhirns und des Schläfenlappens auf. Bildgebende Untersuchungen an normalen Menschen zeigten, dass diese Region eigentlich immer dann aktiviert wird, wenn man gegen ein ethisches Prinzip verstößt. Bei den oben genannten Soziopathen herrschte dort allerdings Funkstille.

Auch in meinem Fall mache ich mir da einige Gedanken. Erst letzten Monat bin ich dreimal bei Rot über die Straße gegangen. Ich konnte einfach nicht anders. Es war wie ein innerer Drang. Einmal hat sogar ein kleines Kind zugeguckt.

Als ich neulich wieder mal auf einer Autobahnbrücke geblitzt wurde, rief ich verzweifelt in Flensburg an. «Ich hatte eine ziemlich schwere Kindheit», winselte ich bei dem Sachbearbeiter vergeblich um Gnade. Immerhin ist eindeutig bewiesen, dass die meisten Intensivtäter vorher Kinder gewesen sind.

Tatsächlich sehen Wissenschaftler zwischen Kindheitserlebnissen und begangenen Straftaten durchaus Zusammenhänge. Allerdings nur bei Menschen, die extreme Gewalttaten verüben. In den letzten Jahrzehnten hat die Sozialpsychologie genau untersucht, ob etwas und, wenn ja, was diese Intensivstraftäter miteinander verbindet. «Dabei fand man bei fast allen untersuchten Verbrechern eine hochsignifikante Verbindung zu Vernachlässigung und körperlicher Misshandlung in der frühkindlichen Phase», führt der Hirnforscher Gerhard Roth aus. «Diese Menschen sind Opfer und Täter zugleich.»

Wenn das wirklich stimmt, macht dann unsere Idee von Schuld und Strafe überhaupt Sinn?

Fragt man den kleinen Mann auf der Straße, wie mit solchen Tätern zu verfahren sei, kommt meistens die banale Antwort: «Wegsperren! Und zwar möglichst lange!» Auch mein Nachbar plädiert für die abschreckende Wirkung von Gefängnisstrafen: «Guck dir doch nur mal diesen Nelson Mandela an: Der Mann war fünfundzwanzig Jahre lang im Knast, und seit er wieder draußen ist, wurde er nie wieder straffällig. Und aus dem ist sogar noch was geworden ...»

Nach unserem Rechtssystem basiert der Schuldbegriff auf dem Prinzip der Willensfreiheit. Ein Täter gilt nur dann als schuldunfähig, wenn er sich zum Zeitpunkt der Tat nicht anders hätte entscheiden können. Die einzigen Erkrankungen, die das Strafgesetzbuch als willenseinschränkend anerkennt, sind Schizophrenie oder ein Gehirntumor. Doch obwohl immer mehr Erkenntnisse der Neurobiologie darauf hinweisen, dass eine Vielzahl anderer Faktoren die Willensfreiheit von Straftätern ähnlich stark einschränkt wie diese Krankheiten, sperrt man behandlungsbedürftige Täter lieber weg. Derzeit sitzen in

Deutschland etwa siebzigtausend Menschen ein. Die USA haben sogar über zwei Millionen Gefängnisinsassen. Und da sind *Walmart*-Mitarbeiter noch gar nicht mit eingerechnet.

Was die neuen Erkenntnisse der Neurobiologie für unseren zukünftigen Schuldbegriff bedeuten, wird heftig diskutiert. Aber das Forschungsgebiet ist noch sehr jung.

Man kann aufgrund eines Gehirnscans (noch) nicht feststellen, ob jemand zum gefährlichen Gangster oder zum harmlosen Gangster-Rapper wird. Daher kann die moderne Hirnforschung keine Verbrechen verhindern, aber sie kann dazu beitragen, mehr über die wahren Gründe von Verbrechern zu erfahren.

Noch im neunzehnten Jahrhundert lief die Kirche gegen Mediziner Sturm, weil sie behaupteten, Krankheiten sind nicht von Gott geschickt, sondern kommen von Viren und Bakterien. Vielleicht werden wir in zwanzig Jahren ebenso den Kopf schütteln, weil wir lange Zeit Gewaltverbrecher weggesperrt haben, statt sie zu behandeln. So wie es aussieht, werden wir unseren Schuldbegriff überdenken müssen. Und wenn das passiert, rufe ich garantiert noch mal in Flensburg an.

UNFREIE RADIKALE

EINIGE BEGEHEN VERBRECHEN UND MÜSSEN JAHRE HINTER MAUERN VERBRINGEN. Andere tun Gutes und begeben sich freiwillig hinter Mauern. Und das sogar lebenslänglich. Ich treffe Schwester Jordana. Die zweiundvierzigjährige Nonne aus dem Dominikanerinnenorden ist Erziehungsleiterin in einem Bethanien-Kinderdorf und begrüßt mich ganz locker in Jeans und T-Shirt. Ein bisschen verwirrt bin ich schon. Eigentlich habe ich den Typ Nonne erwartet, den ich aus dem katholischen Kindergarten kenne, in den ich ging: ein humorbefreites Wesen, kombiniert mit strengem Blick, Arbeitshabit und Gesundheitsschuhen. «Natürlich gibt es Klöster, die alle Vorurteile erfüllen. Es gibt Klostermauern, Schweigeorden, verbissene Klosterschwestern. Aber es gibt eben auch die anderen», erklärt mir Schwester Jordana.

Trotzdem ist auch bei den Dominikanerinnen nicht unbedingt Halligalli angesagt. «Gehorsam, Keuschheit in Ehelosigkeit und Armut» lautet das Gelübde des Ordens. Jordana hat kein eigenes Auto, kein eigenes Haus und auch sonst keine Besitztümer. Und was Männer angeht – na ja, Sie wissen schon ... «Ich mache mich nicht abhängig von irgendwelchen äußerlichen Dingen, da hänge ich nicht dran. Und das macht mich ziemlich frei.»

Trotz der Einschränkungen, die ein solches Leben mit sich bringt, erlebe ich Schwester Jordana als einen sehr selbstbestimmten Menschen. Ihre Entscheidung, sich auf Gott und ihren Glauben zu konzentrieren, empfindet sie nicht als Verzicht, sondern als Gewinn.

Ist es vielleicht gerade die Beschränkung auf das Wesentliche, die sie frei macht? Eventuell steckt diese Sehnsucht in uns allen? Immerhin investieren wir Deutschen jährlich neun Milliarden Euro in Selbstverwirklichung und Sinnsuche. «Befreie dich von Gerümpel», las ich neulich in einer Männerzeitschrift. Und das in einer Welt, in der man fürs Finanzamt die Tankquittungen zehn Jahre lang aufheben muss! Was befreit mehr? Überfluss oder Verzicht? Konsum oder Mäßigung? Vielleicht ja sogar beides ...

KLÖSTER WAREN SCHON IMMER BIOTOPE. HIER BIN
ICH FREIER, ALS ICH ES IN DER GEMEINDE WÄRE.
SELBST DER BISCHOF HAT HIER NICHT VIEL ZU SAGEN.

Schwester Jordana

Schwester Jordana, Nonne

ASKESE STATT LANGNESE

10.

Als ich vor einiger Zeit ein Gastspiel in Köln gab, kam ich während der Pause mit einer Zuschauerin ins Gespräch. Die ältere Dame begutachtete meine Merchandising-Artikel, hielt mir dann meinen Top-Seller unter die Nase – eine Tasse mit dem Aufdruck «Denken lohnt sich» – und sagte entsetzt: «ZEHN Euro für eine lumpige Kaffeetasse? Was fällt Ihnen nur ein, so viel Geld dafür zu verlangen?» Ich atmete kurz durch und antwortete: «Wissen Sie, was das Tolle an unserer Konsumgesellschaft ist? Sie *müssen* die Tasse nicht kaufen ...» Und genau das hat sie dann auch gemacht.

Aber es war okay. Denn keiner kann Sie zwingen, ein Produkt zu erwerben, das Sie nicht haben wollen. Ich finde, das ist eine ziemlich große Freiheit. Ich gebe zu, zehn Euro für eine Tasse sind nicht ganz billig. Für das Geld bekommen Sie immerhin eine sehr schöne Immobilie in Brandenburg.

Noch nie in der Geschichte der Menschheit hatten wir so viele Möglichkeiten zu konsumieren wie heute. Ein durchschnittlicher Supermarkt führt ein Sortiment von vierzigtausend Artikeln. Auf jeden Bundesbürger kommen 1,4 Quadratmeter Verkaufsfläche. Allein für Schuhe geben wir pro Jahr 3,5 Milliarden Euro aus. Den größten Anteil daran hat meine Exfreundin Gudrun.

«Die Freiheit nehm' ich mir» lautete vor einigen Jahren der Werbeslogan eines großen Kreditkarten-Unternehmens. Die Botschaft war unmissverständlich: Konsum macht frei. Aber ist das wirklich so? Aus der Werbepsychologie ist bekannt: Je mehr Marmeladensorten in der Auslage stehen, desto seltener greifen die Kunden zu. Offensichtlich überfordert uns ein Zuviel an Angebot und macht uns unfrei.

Ein Phänomen, das der Soziologe Erich Fromm bereits 1941 erkannte. In *Die Furcht vor der Freiheit* beschrieb er, dass in einer modernen Gesellschaft die Menschen nicht unter einem Mangel an Möglichkeiten leiden, sondern unter einer schwindelerregenden Fülle derselben. Und zu dem Zeitpunkt war der *Mediamarkt* noch gar nicht gegründet.

Andererseits ist bei genauerer Betrachtung die gerne so abwertend bezeichnete «Überflussgesellschaft» der Ausdruck einer nie da gewesenen Freiheit. Über Jahrhunderte hinweg galt es als ein Naturgesetz, dass Champagner, exotische Früchte oder Gänsestopfleber nur den Reichsten der Reichen vorbehalten waren. Heute gibt's das gesamte Paket für 29,90 Euro bei *Aldi*.

Konsum hat seinen Exklusivitätsanspruch verloren. Da aber Luxus immer das ist, was knapp ist, muss die heutige Elite zwangsläufig auf andere Werte ausweichen. Menschen, die sich als «LOHAS» bezeichnen. Das ist kein primitives Naturvolk aus Papua-Neuguinea, sondern DIE Trend-Zielgruppe schlechthin. LOHAS steht für «Lifestyle of Health and Sustainability». Eine gutverdienende Bionade-Boheme, die einen wertebasierten Lebens- und Konsumentenstil pflegt. Fünfzehn Millionen Deutsche sollen laut *Zukunftsinstitut* in diese Kategorie fallen.

Und ich bin einer davon. Um dem sinnlosen Kaufrausch zu entgehen, pflege ich den bewussten Konsum und kaufe beispielsweise bei *Manufactum*. Jener Laden, in dem man für ein Heidengeld Dinge erwerben kann, mit denen man sich dann ökologisch korrekt das Leben schwer macht, zum Beispiel dreifach geölte Kirschholzkistchen mit einem handgeschöpften Bakelitverschluss oder mundgeblasene Nudelmaschinen aus biologisch abbaubarem Gusseisen.

Neulich ließ ich mich doch tatsächlich dazu hinreißen, dort eine Espressohebelmaschine zu kaufen. Kein neumodischer, automatischer Schnickschnack, sondern rein mechanisch, traditionsreich und sündhaft teuer. Allein dafür, den Einschaltknopf zu finden, benötigte ich zu Hause vier volle Stunden. Um aus diesem chromblitzenden Monsterteil einen einigermaßen trinkbaren Kaffee rauszubekommen, brauchen Sie eine Anwärmzeit von sechzig Minuten. EINE Stunde Wartezeit für einen Espresso – einen *schnellen* Kaffee! Das ist in etwa so sinnvoll wie ein Jahr Wartezeit bei einer Abtreibungsklinik.

Warum nur tun wir uns einen solchen Irrsinn an? Je erfolgreicher wir im Beruf sind, desto schwerer machen wir es uns im Alltag. Während sich das bildungsferne Volk im *ClubMed* all inclusive die Wampe vollhaut, fahren gutsituierte Bildungsbürger auf dem Kilimandscharo Mountainbike. Offenbar existiert ein tiefes Bedürfnis, sich in der Welt der Effizienz mal eine Zeitlang einer anstrengenden Nutzlosigkeit zu widmen.

Deswegen backen studierte Mitteleuropäer trotz Siebzig-Stunden-Woche in ihrer Freizeit Dinkelbrot oder latschen in selbstgeschusterten Ledersandalen wochenlang durch Nordspanien.

«Dabei fühle ich mich unglaublich frei», schwärmt auch Gudrun. Vor kurzem erzählte sie mir, dass sie demnächst für zwei Wochen in ein tibetanisches Schweigekloster gehen wird. «Ich will zu meinem Allerinnersten vordringen ...» Na, da bin ich mal gespannt, was sie dort vorfinden wird.

Letzte Woche hat sie sich sogar von ihrem Tai-Chi-Lehrer mystische Schriftzeichen auf den Rücken tätowieren lassen. Angeblich eine uralte, fernöstliche Lebensweisheit: «Finde die Flügel der Freiheit im Abwägen der Extreme.» Als mein Chinese um die Ecke ihr neues Tattoo sah, meinte er: «Quatsch, das heißt *Hähnchen süß-sauer* ...»

Seit *H&M* und *IKEA* den Konsum demokratisiert haben, hat er bei uns LOHAS seinen Reiz verloren und wir zelebrieren lieber den bewussten Konsum.

Die Idee der Mäßigung ist uralt. Schon Sokrates sagte einst: «Wer am wenigsten bedarf, ist den Göttern am nächsten.» Möglicherweise wurde er genau wegen solcher Sprüche per Volksabstimmung zum Tode verurteilt. Auch Diogenes wurde von Seneca als weiser Mann bezeichnet, weil er dem Überfluss entsagte. Eigentlich erstaunlich, denn Seneca war zu dem Zeitpunkt einer der reichsten Männer des römischen Imperiums. Meist reden diejenigen am liebsten von Verzicht, die sich sowieso alles leisten können. Deshalb ist es auch logisch, dass der Vatikan von jeher den sinnlosen Konsum und die Verschwendung verachtet. Die Idee allerdings, in der Sixtinischen Kapelle den Stuck wegzukloppen und aus Energiespargründen die Decken abzuhängen, konnte sich auch unter Benedikt XVI. nicht durchsetzen.

Inzwischen gilt es selbst in Managerseminaren als unglaublich schick, sich einen buddhistischen Meister ins Haus zu holen, der in gebrochenem Englisch der deutschen Wirtschaftselite für einen Tagessatz von fünftausend Euro etwas über innere Freiheit durch Askese erzählt.

Doch immer öfter kommen mir bei dem ganzen Askesefimmel Zweifel. Macht mich meine bewusst gekaufte Kaffeemaschine wirklich frei? Oder ist mein demonstratives Konsumbewusstsein vielleicht eine subtile Art und Weise, um Status zu demonstrieren? In meinem Freundeskreis kann ich mit einem 42-Zoll-3D-LED-Flatscreen einfach keinen Staat machen. Für mich ist es wesentlich prestigeträchtiger, das genaue Gegenteil von dem zu tun, was Menschen tun, die knöcheltief im Dispo stehen. Statt Poolpartys auf Ibiza zu besuchen oder mit der Wii in der Hand vor der Glotze rumzuhampeln, läuft bei uns

LOHAS die Prahlerei etwas raffinierter ab. Wenn man ehrlich ist, sind Gudruns handgerührte Pflanzenölseifen, ihre Brecht-Originalausgabe und mein letzter Bildungsurlaub im Périgord genau die gleichen Prestigeobjekte, die wir bei anderen belächeln. Letztes Jahr hat sich Gudrun sogar einen Parkettboden aus nachhaltig bewirtschaftetem Mahagoniholz für hundertachtzig Euro pro Quadratmeter in ihre Wohnung legen lassen. Damit ihre Freunde sie jedoch nicht für eine Angeberin halten, hat sie die Maserung des Holzes absichtlich so perfekt gewählt, dass jeder Nichteingeweihte glaubt, es sei Laminat. Das ist die wahre Rache des Kapitalismus.

Am deutlichsten zeigt sich unsere absurde Verzichtkultur im Schlankheitswahn. «Du, Vince, findest du mich eigentlich zu dick?», fragt mich Gudrun zu allen erdenklichen Gelegenheiten. Sie ist ein Prototyp der allseits bekannten «Ich-nehm-ein-stilles-Wasser-und-'nen-kleinen-Salat-ohne-Dressing»-Fraktion. Obwohl sie sich mit biologisch-dynamischen Grünkernbrätlingen auf Kleidergröße null runtergehungert hat, fühlt sie sich immer noch pummelig. Was kommt danach? Antimaterie?

Dabei war bis in die fünfziger Jahre hinein das weibliche Schönheitsideal von üppigen Rundungen geprägt. Das lag daran, dass in dieser Zeit Übergewicht ein gesellschaftlich zu vernachlässigendes Problem darstellte. Schlank zu sein war kein Zeichen für Exklusivität. Dann wuchs plötzlich in unseren Breitengraden das Nahrungsmittelangebot explosionsartig an. Übergewicht und Fettleibigkeit wurden zu unübersehbaren Begleiterscheinungen moderner Wohlstandsgesellschaften. US-Amerikaner sind mittlerweile sogar so übergewichtig, dass Geologen befürchten, die Erdachse könne durch die entstehende Unwucht ins Trudeln kommen.

Je dicker eine Gesellschaft ist, desto wertvoller wird das Signal «Schlankheit». Wer es in dieser Zeit schafft, dünn zu bleiben und zu verzichten, signalisiert Zielstrebigkeit, Willen und Dynamik. Einziger Nachteil: Man muss höllisch aufpassen, bei einem kräftigen Windstoß nicht umgeweht zu werden.

Manchmal denke ich mir: Was ist eigentlich so verwerflich am Überfluss? Dass wir dreißig verschiedene Tiefkühlpizzen haben? Oder Hakle feucht? Ein tolles Produkt! Ganz im Vertrauen: Ich nehme das nicht nur fürs Gesicht.

Persönlich bin ich ein großer Fan von Komfort und Bequemlichkeit. Die Freiheit, zu verzichten, entpuppte sich bei mir als große Illusion. Nach vier Wochen sinnlosem Espressohebeln und einer schmerzhaften Sehnenscheidenentzündung pfiff ich auf mein LOHAS-Image, verräumte das Chrommonster in den Keller und kaufte mir im *Mediamarkt* einen hochmodernen Kaffeevollautomaten. Manchmal stehe ich sogar mitten in der Nacht auf und mache mir einen doppelten Espresso. Nicht etwa, weil ich Lust darauf habe, sondern weil ich das Geräusch so beruhigend finde. Und alle zwei Wochen freue ich mich wie ein kleines Kind, wenn die Anzeige «Reinigungsprogramm starten» aufleuchtet.

Natürlich sind viele Dinge unserer modernen Konsumgesellschaft unnötig wie ein Kropf. Swarowski-Figürchen, Autofahrerhandschuhe oder Wasserhähne mit Lichtsensoren zum Beispiel. Aber sie verstoßen nicht gegen die Genfer Konvention. «Obwohl es gute Gründe dafür gäbe!», sagt Gudrun. Ihrer Meinung nach ist Konsumverzicht unglaublich einfach. «Die Navajo-Indianer haben es vorgemacht», meint sie. «Die besaßen nur 236 Gegenstände. Speer, Köcher, Zelt – und das war's dann auch schon fast. Wir in den westlichen Industrienationen besitzen im Durchschnitt zehntausend Dinge. Und? Hat es uns irgendetwas gebracht?» Na ja, denke ich bei mir. Zum Beispiel werden wir doppelt so alt wie die Navajos. Weil unter den zehntausend

Gegenständen neben Handy-Display-Polituren und feuchtem Toilettenpapier auch Antibiotika und Betablocker sind. Wer wirklich der Meinung ist, die Indianer sind glücklicher, weil sie keinen Besitz haben, der soll sich eine Friedenspfeife schnitzen und rüberfahren. In 'nem Einbaum. Den gibt's bestimmt auch bei *Manufactum*.

Selbstverständlich bedeuten vierzig verschiedene Zahnpastasorten nicht automatisch Freiheit. Aber sie bedeuten zwanzig Mal mehr Freiheit, als nur die Wahl zu haben zwischen *Aronal* oder *Elmex*.

Prof. Dr. Max Otte,
Wirtschaftswissenschaftler

KANN MAN IN DIE ZUKUNFT BLICKEN? Diese Frage beschäftigt die Menschheit seit Erfindung der Lottozahlen. Wir sind fasziniert von Personen mit angeblich seherischen Fähigkeiten, von Gurus, die düstere Prognosen abgeben, von Wahrsagern, die uns versichern, dass morgen dies oder jenes passieren wird, wenn wir ihnen heute das Geld für ihre Voraussage geben. Alles fauler Zauber, denken Sie? Falsch. Ich habe persönlich einen Mann getroffen, der in Insiderkreisen als Prophet gehandelt wird. In seinem Buch *Der Crash kommt!* beschreibt der Ökonom Max Otte haarklein, wie sich die Finanzkrise im Jahr 2008 entwickelt. Der Clou an der Sache: Er schrieb das Buch *vor* dem Eintreffen seiner Prognose. Wie in aller Welt hat er das nur gemacht? Was wusste er, das andere nicht wussten?

«Ich traue wirtschaftlichen, gesellschaftlichen oder politischen Prognosen nur sehr, sehr begrenzt, weil die Menschen ihren eigenen Kopf haben», erklärt mir Max Otte auf meine ambitionierte Frage hin. Wie jetzt? Ein Prophet, der seine eigene Prophezeiung niedermacht? Und das, obwohl sie sogar stimmt?

Doch dann erklärte er mir geduldig, wodurch die Finanzkrise entstand, welche Kräfte dafür verantwortlich waren und warum das Ganze einfach irgendwann passieren musste. «Experten haben schon Anfang 2003 gesagt: Die Immobilienblase in den USA muss jetzt platzen. Aber sie hatten unrecht. Als Anfang 2005 die amerikanischen Medien über den Wahnsinn am Häusermarkt berichteten, habe ich gesagt: Jetzt ist alles noch mal schlimmer geworden, jetzt ist es so weit.»

Also doch nur Glück? Otte grinst. «Natürlich war auch Wissen und Kompetenz dabei, aber eben auch Fortune.» Ein angenehm bescheidenes Statement, das man in dieser Form von den meisten Experten leider sehr selten hört. Machen wir uns nichts vor: Die wenigsten Fachleute geben zu, wenn sie an die Grenzen der Berechenbarkeit stoßen, und sagen dann lieber Dinge wie: «Ja gut, sooo exakt kann man das natürlich nie vorausberechnen. Aber unser Unwissen ist über die Jahre wesentlich *genauer* geworden ...»

....

FREIHEIT BEDEUTET FÜR MICH, MICH AN DEN
AUFGABEN MESSEN ZU KÖNNEN, AN DENEN ICH
MICH MESSEN WILL. UND DANN NATÜRLICH AUCH DIE
MÖGLICHKEIT, MIT DIESEN DINGEN ZU SCHEITERN –
ABER ES VERSUCHT ZU HABEN!

Prof. Dr. Max Otte

....

11. GUT ODER BÖ(R)SE

Wissen Sie, warum ich ein so großer Fan der Physik bin? Weil man in der Naturwissenschaft wenig verschleiern kann. Wenn ein Wasserstoffatom ein anderes Teilchen anzieht, kann man sicher sein, dass es das auch so meint. Bei Menschen ist das vollkommen anders. Nehmen Sie nur mal die Sendung *Germany's Next Topmodel*: Heidi Klum wählt ja nicht das Mädchen aus, das ihr am besten gefällt, sondern sie wählt das aus, von dem sie glaubt, dass es den *Zuschauern* am besten gefällt.

Genau durch diese Denkweise haben so viele Menschen ihr Geld bei der Finanzkrise verloren. Sie haben Produkte gekauft, von denen sie glaubten, andere Leute denken, dass diese Produkte später mehr wert sein werden, als sie selbst geglaubt haben, dass sie jetzt wert sind. Ökonomen sprechen in diesem Fall von der Theorie vom «Noch-größeren-Idioten». Selbst abgrundtiefe Dummheit schadet nicht, solange sich irgendein Holzkopf findet, der noch einen Tacken unterbelichteter ist. Oder wie es der berühmte Börsenspekulant André Kostolany ausdrückte: «Die Börse hängt nur davon ab, ob es mehr Aktien als Idioten oder mehr Idioten als Aktien gibt.»

Im Sommer 2008 hatte ich einen Termin bei meinem Bankberater. Mein erstes Buch *Denken Sie selbst, sonst tun es andere für Sie* war gerade geschrieben und sollte im Herbst erscheinen. «Meine Lektorin sagte mir, dreihunderttausend Stück verkaufe ich davon locker», erklärte ich dem untersetzten Filialleiter, Herrn Zimmermann. Mit dem Vorschuss, den mir der Verlag überwies, wollte ich nun in die große Welt des Geldes einsteigen. Herr Zimmermann zupfte an seiner flippigen Micky-Maus-Krawatte und nickte geschäftig: «Da hab ich doch was für Sie: Einen *High Grade Structured Credit Enhanced Leverage Fund*! Todsicher mit dreißig, ach, was sage ich, vierzig Prozent Rendite! Das haben unsere computergestützten Prognosemodelle eindeutig berechnet.»

High Grade Structured Credit Enhanced Leverage Fund – Produkte, die so klingen, *müssen* einfach super sein. Im festen Glauben an die Prognose malte ich mir eine rosige Zukunft aus: in zwei Jahren finanziell abgesichert! Nie mehr ein Buch schreiben müssen!

Tja, dumm gelaufen. Die Tatsache, dass Sie dieses Buch in den Händen halten, zeigt: Der finanzielle Selbstläufer lief nicht ganz so gut. Zwei Monate nach meinem großen Deal ging *Lehmann Brothers* pleite und die Finanzwelt lag am Boden. Und genau dort befand sich auch mein todsicherer *High Grade Structured Credit Enhanced Leverage Fund*.

«Das ist eben die Magie der Märkte», sagte Frau Schneider, die Nachfolgerin von Herrn Zimmermann, mit einem Achselzucken. «Geldgeschäfte in großem Stil sind nun mal zu einem gewissen Teil von der Psychologie getrieben.» Na toll. Dabei habe ich mich doch nicht auf die dubiosen Gefühle von Herrn Zimmermann, sondern auf seine präzisen Modelle verlassen, von denen er behauptete, sie könnten die Entwicklungen am Finanzmarkt eindeutig vorausberechnen.

Heute ist mir klar: Herr Zimmermann hat Unsinn geredet. Das ist inzwischen sogar wissenschaftlich bestätigt: In einem Börsenspiel ließ man die Papageiendame Ddalgi gegen professionelle Aktienbroker antreten. Während die Börsenprofis strategisch vorgingen und ihre Portfolios mit Hilfe ihrer Analysemodelle zusammenstellten, hat das fünfjährige Vogelweibchen Aktien gekauft, indem es zufällig auf eine Auswahl von Wertpapieren gepickt hat. Zocken frei Schnabel, sozusagen. Nach sechs Wochen hatte Ddalgi acht von zehn Börsenprofis geschlagen! Ein erstaunliches Ergebnis, das durch die Hirnforschung erklärbar ist: Menschen haben das komplexeste Gehirn. Danach kommen Delfine, Schimpansen, Papageien – und erst dann Investmentbanker.

Nicht, weil sie doof sind, sondern weil sie ihre analytischen Fähigkeiten überschätzen. Denn die Welt läuft offensichtlich viel zufälliger ab, als wir uns das vorstellen. Das eigentliche Geheimnis geheimer Erfolgsrezepte an der Börse ist daher, dass es keine gibt.

Aber bedeutet nicht genau *das* Freiheit? Denn wenn alles im Voraus berechenbar wäre, würde das ja heißen, dass die Zukunft feststünde. Wenn aber die Zukunft feststeht, wo ist dann die Freiheit?

Trotzdem verhalten wir uns so, als könnten wir den Lauf der Geschichte berechnen, regulieren und steuern. Wir prognostizieren Ölpreise, Sozialversicherungen und globale Temperaturen über einen Zeitraum von fünfzig Jahren, ohne zu erkennen, dass wir noch nicht einmal voraussagen können, ob es übermorgen um 14.30 Uhr in Osnabrück regnet. Andererseits, wen interessiert schon das Wetter in Osnabrück?

Der Ökonomie-Nobelpreisträger Paul Samuelson schrieb kurz vor dem Zusammenbruch des Ostblocks, die Sowjetökonomie sei ein Beweis dafür, dass eine sozialistische Kommandowirtschaft funktionieren und sogar blühen kann. IBM war davon überzeugt, dass mit dem Mikrochip nichts Sinnvolles anzufangen ist. Beckenbauer tönte 1990: Deutschland wird über Jahre hinaus unschlagbar sein. Und obwohl fast fünfzig Prozent aller Ehen geschieden werden, sagen hundert Prozent aller frisch Vermählten: *Wir* bleiben zusammen. Ganz sicher! Die Zeugen Jehovas hatten für 1975 sogar den Weltuntergang prognostiziert. Weil ihnen aber damals die Anerkennung als öffentliche Körperschaft fehlte, konnte er bedauerlicherweise doch nicht stattfinden, soll aber bald nachgeholt werden. Versprochen!

All das lässt vermuten: Die meisten Voraussagen sind nichts weiter als ein ritueller Regentanz. Das Hauptziel ist allerdings nicht, Regen zu machen, sondern, ein besserer Tänzer zu werden.

Warum aber sehnen wir uns trotzdem so sehr nach allen Arten von Zukunftsprognosen? Die meisten von uns würden nie zu einem Wahrsager gehen, aber werfen Herrn Zimmermann das gesamte Ersparte in den Rachen, nur weil er auf einen Computermonitor glotzt und bedeutungsschwanger sagt: « Es wird laufen!»

Vielleicht haben Prognosen für uns den gleichen Stellenwert wie bei den alten Griechen das Orakel von Delphi. Auch damals ging es nicht unbedingt darum, ob alles genau so eintrifft wie vorausgesagt. Viel wichtiger war das Ritual. Man besuchte das Orakel und fragte: « Und? Wie sieht's aus?», das Orakel dachte lange nach und gab den Menschen dann eine kryptische Lebensweisheit mit auf den Weg: « In der niedrigen Hütte geht der kluge Mann gebückt.» Und das hat den alten Griechen gereicht.

Ich als Physiker hätte es eigentlich wissen müssen: Ein Phänomen wie das Finanzsystem ist auf lange Sicht nicht voraussagbar. Das liegt nicht etwa daran, dass die Wissenschaftler nicht schlau genug sind, die Modelle zu ungenau oder die Computer zu langsam, sondern an der Chaostheorie. Komplexe Systeme verhalten sich nämlich nichtlinear, wie man bereits seit den sechziger Jahren weiß. Das heißt, selbst winzigste Änderungen in den Ausgangsbedingungen können enorme Konsequenzen im Gesamtergebnis haben. Vermutlich kann ein einziger Flügelschlag eines Schmetterlings im Amazonasdelta zu katastrophalen Stürmen in den Benelux-Staaten führen. Deswegen sind derzeit auch drei unabhängige Forschergruppen aus Holland, Luxemburg und Belgien im Amazonasdelta unterwegs, um dieses Insekt zu finden und dingfest zu machen.

Chaotische Effekte begegnen uns praktisch überall: in der Evolution, beim Herzrhythmus, auf'm Ballermann. Sogar bei so etwas Simplem wie einer Duscharmatur: Einen Millimeter nach links gedreht, und die Wassertemperatur sinkt schlagartig von dreißig auf fünf Grad. Dreht man den Regler dann wieder exakt zum Ausgangspunkt zurück, kann man unter dem Wasserstrahl problemlos Eier kochen.

Wirklich voraussagbar sind nur die allereinfachsten Anordnungen. Das System Erde-Mond zum Beispiel ist ein klassisches Zweikörperproblem, das man eindeutig berechnen kann. Würde es jedoch noch einen zweiten Mond geben, der um den eigentlichen Mond rotiert, dann wäre dies ein sogenanntes Dreikörperproblem. Weil ein System aus drei miteinander gekoppelten Körpern nach kürzester Zeit chaotisches Verhalten zeigt, lässt sich das exakte Verhalten der Körper unmöglich voraussagen und damit von keinem Computer der Welt berechnen. Möglicherweise lächeln jetzt einige und denken: «Hey, diesen Effekt kenne ich doch aus dem privaten Bereich! Solange man von dem dritten Körper nichts weiß, ist alles in Ordnung. Aber sobald einer Wind davon bekommt, bricht das totale Chaos aus.»

Wir wissen ziemlich wenig über unsere Gegenwart: Wir wissen nichts über dunkle Materie, das Geheimnis des Lebens, was der fünfzehnjährige Sohn macht, wenn man nicht zu Hause ist, oder warum André Rieu so viele Platten verkauft. Niemand hat nur den blassesten Schimmer davon, was Gravitation ist. Oder Bewusstsein. Oder wieso Frauen den Lidschatten nicht mit geschlossenem Mund auftragen können.

Noch weniger können wir etwas über die Zukunft sagen. Das

bedeutet keineswegs, dass niemand, der sich mit der Zukunft befasst, wertvolle Informationen liefert. Im Gegenteil. Es gibt eine Menge Wirtschaftsforscher, die immerhin neun der letzten fünf Rezessionen präzise vorausgesagt haben. Auch viele Journalisten prognostizieren immer wieder die Kinoöffnungszeiten mit verblüffender Genauigkeit. Der Vater eines amerikanischen Freundes wusste sogar auf Jahr, Tag und Stunde genau, wann er sterben würde. Der Richter hatte es ihm gesagt.

Wir alle wünschen uns Sicherheit und Berechenbarkeit. Ein Wunsch, der uns leider nicht erfüllt wird. Aber ist das wirklich so schlimm? Wie öde und unfrei wäre unser Leben, wenn wir genau wüssten, wie unsere Zukunft aussieht! Das Geschenk der Unberechenbarkeit ist die Freiheit. Das kann zugegebenermaßen manchmal ganz schön hart sein. Wenn man zum Beispiel *doch* ein zweites Buch schreiben muss. Aber vielleicht ist das ja der Fluch der Freiheit ...

DIE WURZEL DES ÜBELS:

KÜRZEN AN DER FALSCHEN STELLE

$$\frac{\sqrt{2}}{2} = ? \Rightarrow \frac{\sqrt{2}}{2} = \sqrt{}$$

WARUM KÖNNEN WIR SO SCHWER MIT ERGEBNISOFFENHEIT UND UNGEWISSHEIT LEBEN UND VERTRAUEN STATTDESSEN SYSTEMEN, DIE UNS SICHERHEIT VORGAUKELN? Warum ersetzen wir so gerne Wissen durch Glauben? Wirtschaftswissenschaftler wie Max Otte lassen diese Fragen offen. Ein Philosoph musste her. Einer, der sich vorwiegend mit dem Glauben beschäftigt. Michael Schmidt-Salomon gilt als ein Experte für Glauben, obwohl er selbst überhaupt nicht glaubt. Unglaublich!

Ich habe einen Termin bei ihm zu Hause. In der hintersten Eifel. Wenn man hier lebt, muss man ja vom Glauben abfallen. Aber wenigstens sind die Bauplätze billig. «Deutschlands Chef-Atheist» (SPIEGEL) wirkt ziemlich müde, als er mir morgens um halb elf die Türe öffnet. Da hat Schwester Jordana im Kloster aber einen Zacken fitter ausgesehen. Vielleicht ist Nichtglauben ja anstrengender?

Nach kurzer Begrüßung geht er gleich in die Vollen, analysiert, warum wir so gerne glauben, und sagt Sätze, die man auf Kalender abdrucken könnte. «Wissenschaftler *wissen*, dass sie nur etwas glauben, was möglicherweise morgen schon überholt ist. Während Gläubige glauben, etwas zu wissen, was für alle Zeiten gültig ist, obwohl es eigentlich schon gestern überholt war.»

Nach einer Tasse Kaffee und zwei Zigaretten dreht er dann richtig auf. «Freiheit kann im Modus der Unfreiheit auftreten. Menschen können ihre Frei-

Dr. Michael Schmidt-Salomon, Philosoph

heit darin sehen, sich fremdbestimmen zu lassen. Wie in den Religionen: ‹Dein Wille geschehe!›»

Vielleicht ist es schlicht und einfach bequemer, an etwas zu glauben, als an nichts zu glauben. Zwei Tage vorher hatte mir Schwester Jordana erklärt, sie könne nicht nicht glauben.

«Für mich wäre es viel schwerer, zu glauben. Ich kann nichts glauben, was im Widerspruch zu allem steht, was ich weiß», sagt hingegen Michael Schmidt-Salomon.

Wer von beiden ist jetzt freier?

Von meinem Kollegen Jürgen Becker stammt der wunderbare Satz: «Humor ist, wenn man trotzdem lacht; Philosophie ist, wenn man trotzdem denkt; Religion ist, wenn man trotzdem stirbt.»

....

DIE GEDANKEN SIND FREI –
AUCH FREI FÜR JEGLICHEN UNSINN.

Dr. Michael Schmidt-Salomon

....

ZEHN *VATERUNSER* –
UND SCHWAMM DRÜBER!

Als mein Opa im Sterben lag, besuchte ihn der Pfarrer und sagte: «Ich bin gekommen, um Ihnen das Wort Gottes zu verkünden.» Mein Opa sah ihn müde an und antwortete: «Wozu brauche ich Sie, wenn ich doch sowieso gleich mit dem Chef persönlich spreche?»

Ich bin katholisch aufgewachsen. Mit sonntäglichem Kirchgang und Beichten vor Feiertagen. Bei der Fronleichnamsprozession war ich immer ganz vorne mit dabei. Fegefeuer und Hölle waren so real wie Fernsehverbot und kratzige Sonntagshosen. Nur ein einziges Mal habe ich den Gottesdienst geschwänzt. Ein paar Tage später starb der Papst. Monatelang machte ich mir Vorwürfe. Irgendwann hielt ich es nicht mehr aus und beichtete meine Sünde. Der Pfarrer blickte mich ernst an und sagte: «Zehn *Vaterunser*, fünf *Gegrüßet seist du, Maria* – und Schwamm drüber!»

Alle Religionen versichern uns, wenn wir bestimmte Rituale verrichten, Gebete wiederholen, uns bestimmten Normen anpassen, unsere Leidenschaften, Triebe, Gedanken und Wünsche unterdrücken, werden wir von all unseren Verfehlungen befreit werden. Wir werden etwas Wunderbares jenseits dieses bedeutungslosen Lebens finden. Inzwischen denke ich, das ist Käse.

Schon kurz nach meiner Firmung machten sich immer mehr Zweifel am Glauben breit. In der Bibel las ich: «Gott erschuf die Welt in sechs Tagen.» Das Licht wurde komischerweise erst am vierten Tag erschaffen. Heißt das nicht, er hat drei Tage im Dunkeln gearbeitet? Quasi die erste Form von Schwarzarbeit? Vielleicht hat er in dieser Zeit Regionen wie Niederbayern oder Ostwestfalen erschaffen?

Im Physikstudium erfuhr ich dann, dass bereits 10^{-44} Sekunden nach dem Urknall, der sogenannten Planck-Zeit, Raum und Zeit definiert wurden. Eine tausendstel Sekunde später standen alle Naturgesetze fest, und weitere drei Minuten danach waren bereits achtundneunzig Prozent aller uns heute bekannten Materie gebildet. Unser Universum ist also innerhalb einer Zeitspanne entstanden, in der man nicht mal ein *Vaterunser* beten kann.

Wenn es also wirklich ein Schöpfer war, der für das alles verantwortlich ist, dann hat er kurz nach dem Big Bang seinen Laden dichtgemacht und ist nach Hause gegangen.

Jahrhundertelang gingen die Menschen wie selbstverständlich davon aus, dass es einen Schöpfer geben muss. Noch vor zweihundert Jahren wurde jeder seriöse Wissenschaftler, der die Existenz Gottes leugnete, als abgedrehter Spinner bezeichnet. Nicht wenige bezahlten ihren Unglauben sogar mit dem Leben. Heute ist Gott für viele aufgeklärte Köpfe allenfalls ein tschechischer Schlagersänger. Der Atheismus breitet sich immer mehr aus. Laut *Forschungsgruppe Weltanschauungen* sind die Konfessionslosen mit 34,6 Prozent die größte gesellschaftliche Gruppierung in Deutschland. Und selbst unter den «Gläubigen» glauben nur noch fünfunddreißig Prozent der Katholiken und dreiundzwanzig Prozent der Protestanten an einen persönlichen Schöpfer. Offenbar ist Gott tot. Die Polizei glaubt, es steckt ein Existenzialist dahinter.

Wahrscheinlich flüchten sich deswegen so viele in Ersatzreligionen. Die Menschen glauben an Motivationstrainer, Diätratgeber oder den 1. FC Köln. Überhaupt haben Fußball und Religion verblüffende Gemeinsamkeiten. Ihre Anhänger entscheiden sich in einer Lebensphase, in der sie jung, unerfahren und schlecht informiert sind, für einen Verein, der dann ein Leben lang heilig bleibt. Ohne jedoch zu realisieren, dass die Entscheidung, ob Bayern oder Schalke, ob Islam oder Judentum, mehr mit dem Breiten- als mit dem Wahrheitsgrad zu tun hat.

In jedem Club gibt es eine Handvoll Fanatiker, die vor den Kathedralen bzw. Stadien Glaubenskriege führen, indem sie sich gegenseitig die Birne einhauen. Kern der ganzen Idee ist ein immaterielles Wesen, das die jeweiligen Anhänger als «Gott» bezeichnen. Bei den Germanen hatte der Fußballgott sogar einen Namen: Thor.

Während der Heiligen Messe – beim Fußball auch «Spiel» genannt – stärkt man das Gemeinschaftsgefühl durch das Absingen von Liedern. In der Kirche: «Großer Gott, wir loben dich». Auf'm Platz: «Schiri, wir wissen, wo dein Auto steht!» In der Bibel heißt es: «Und er scharte zwölf Apostel um sich.» Im Kicker: «Elf Freunde sollt ihr sein.» In Argentinien gibt es sogar einen Heiligen, der die «Hand Gottes» genannt wird. Der ist auch im Neuen Testament erwähnt: «Selig sind die im Geiste Armen», Lothar Matthäus 5, 32.

Wir scheinen von Natur aus zum Glauben verdammt. Der Mensch ist wahrscheinlich das einzige Lebewesen, das sich seiner Vergänglichkeit bewusst ist. Mit diesem Bewusstsein entsteht fast automatisch der Hunger nach Unsterblichkeit. Doch wir alle werden sterben. Das ist eine bodenlose Frechheit!

Glaubt man der Bibel, hätte alles ganz anders kommen können. Als Adam im Paradies vom Baum der Erkenntnis aß, hat er sich blöderweise von Gott erwischen lassen. Daher sind wir nach christlicher Vorstellung intelligent, aber sterblich. Umgekehrt wären wir unsterblich, aber doof. Eine nicht ganz uncharmante Alternative.

Gläubige sind von der Existenz des Jenseits überzeugt. Für sie ist die Hoffnung, dass das Paradies auf sie wartet, befreiend.

Tatsächlich existiert aber für das Leben nach dem Tod kein einziger schlagkräftiger Beweis. Selbst die oft zitierten Nahtoderfahrungen haben keinerlei magische Ursachen. Wie ein Radio, das beim Herausziehen des Steckers mit den letzten Elektronen noch ein paar entstellte Laute produziert, beschwören kollabierende Synapsen des Gehirns offenbar ein letztes Phantasiegebilde herauf. Alles, was Menschen als angebliche Nahtoderfahrung beschrieben haben, konnte bereits durch eine chirurgische Stimulation des Schläfenlappens oder andere Reizungen künstlich hervorgerufen werden.

Wer behauptet, nach dem Tod gebe es eine Form psychischen Weiterlebens, der lässt sich auf eine radikale Form des Körper-Geist-Dualismus ein. Wenn das Bewusstsein vom Körper getrennt ist, warum haben wir dann ein Gehirn? Damit Neurologen was zu tun haben?

Wieso ist es für so viele eine Katastrophe, dass nach dem Tod alles zu Ende sein könnte? Ist es nicht sogar eine charmantere Vorstellung, wenn danach alles vorbei ist? Wir sehnen uns nach Unsterblichkeit, wissen aber nicht, was wir an einem verregneten Wochenende machen sollen. Absurd. Vielleicht sollten wir uns ja mehr an den Buddhisten orientieren. Salopp ausgedrückt, besagt der Buddhismus: Wenn du dich in deinem Leben gut verhalten hast, wirst du als Delphin, Günther Jauch oder Schweizer wiedergeboren, wenn nicht, dann als Flughörnchen, 9Live-Moderator oder Ostdeutscher. Deswegen ist es auch das größte Streben eines Buddhisten, nie wieder wiedergeboren zu werden und ins Nirwana, ins totale Nichts, einzutauchen. Hier lächelt der Atheist entspannt und denkt sich: «Ich komm' ins Nirwana ohne eine einzige Wiedergeburt! Und ich muss dazu weder meditieren noch ein guter Mensch sein. Wenn der Schiri abpfeift, ist Schluss!»

Möglicherweise ist der Wunsch nach einem Leben nach dem

Tod so stark, weil wir unfähig sind, uns unsere eigene Nichtexistenz vorzustellen. Dabei betrifft uns der Tod doch gar nicht. Solange wir leben, ist er nicht da. Und wenn er da ist, sind *wir* nicht mehr da. Also haben wir überhaupt nichts damit zu tun.

Dieser kluge Gedankengang stammt übrigens von Epikur, dem wohl ersten Gelehrten, der öffentlich die Existenz Gottes anzweifelte. Der griechische Philosoph war der Ansicht, die Welt sei gottlos und ganz aus dem natürlichen Zusammenhang der Dinge erklärbar.

Das Problem dabei: Unser Gehirn ist mit seinen kognitiven Fähigkeiten überhaupt nicht darauf angelegt, die Welt zu verstehen. Deswegen sind wir oft so hilflos. Wie nur kann man Liebe erklären? Oder Hass? Oder Hassliebe?

Unser Geist hat sich in erster Linie entwickelt, um in der Natur überleben zu können, und nicht, um über den Sinn des Lebens nachzudenken. «Wir benutzen die Software des einundzwanzigsten Jahrhunderts auf einer Hardware, die zum letzten Mal vor fünfzigtausend Jahren aufgerüstet wurde», sagte der Schriftsteller Ronald Wright.

All unsere menschlichen Leistungen – von der Erfindung der Steinschleuder bis zur Entwicklung der Herztransplantation – lassen sich darauf zurückführen, dass unser Gehirn das unerträgliche Gefühl verringern möchte, in Gefahr zu sein. Wir möchten jede nur mögliche Gefahrenquelle ausschließen, aber bei einer ist das unmöglich: dem Tod. Und die einzige Lösung aus diesem Dilemma heißt Religion. Die Idee, nach unserem Tod warte das Paradies auf uns, mag zwar nicht unbedingt der Wahrheit entsprechen, ist allerdings für viele tröstlich.

Wir glauben, weil es erträglicher ist, an eine angenehme Unwahrheit zu glauben, als sich mit dem mühsamen Gefühl der Unsicherheit herumschlagen zu müssen.

Der Unglaube schenkt uns zwar die Freiheit, keinem Gott gefallen zu müssen, aber gleichzeitig lässt er viele Bedürfnisse unbefriedigt: Er bietet keine Hoffnungen für ein Leben nach dem Tod an, toleriert keine Magie und verrät uns erst recht nicht, wie wir leben sollen. Der Atheist hat noch nicht mal einen Namen, den er auf dem Höhepunkt sexueller Ekstase hinausschreien könnte. Religionen dagegen bieten ein Mindestmaß an Sicherheit in Bereichen, in denen keine letzte Sicherheit zu haben ist. Man schließt quasi eine Versicherung im Diesseits gegen Feuer im Jenseits ab.

Gläubige argumentieren mit Recht, dass der Atheismus auf die großen Fragen nach Sinn und Zweck keine Antworten hat. Das stimmt. Aber haben das die Glaubenssysteme? Als Hiob all seine Kinder und seinen Besitz verlor, fragte er Gott: «Warum?», und erhielt – keine Antwort. Und als Jesus am Kreuz fragte: «Vater, warum hast du mich verlassen?», herrschte ebenfalls Funkstille.

Vielleicht müssen wir uns damit abfinden, weder mit Hilfe unseres Glaubens noch mit unserem Verstand die entscheidenden Fragen unseres Seins beantworten zu können.

Das mag auf den ersten Blick fürchterlich trostlos erscheinen. Erst recht, wenn Sie sich gerade entschieden haben, Karriere als Bischof, Kardinal oder Stellvertreter Gottes zu machen. Doch genau die Akzeptanz der tiefen metaphysischen Sinnlosigkeit unserer Existenz schafft den Freiraum zur individuellen Sinnstiftung. Der Philosoph Michael Schmidt-Salomon schreibt dazu: «Nur in einem an sich sinnlosen Universum genießt der Mensch das Privileg, den Sinn des Lebens aus seinem Leben selbst zu schöpfen. Sprich: Der Sinn des Lebens liegt eben nicht im Übersinnlichen, sondern im Leben selbst. Freiheit durch Sinnlosigkeit.» Oder wie Woody Allen gesagt hat: «Es gibt nicht nur keinen Gott, sondern versuch mal, am Wochenende einen Klempner zu kriegen.»

Ob einen der Glaube an Gott frei macht, muss jeder selbst entscheiden. Für mich ist Freiheit die Loslösung von dem Gedanken, dass danach irgendetwas auf mich wartet. Oder dass irgendjemand irgendetwas von dort oben kontrolliert, regelt und ordnet.

Ein Mann steht an den Niagarafällen. Plötzlich rutscht er aus und kann sich gerade noch an einer dünnen Wurzel festhalten. In dem Moment teilen sich die Wolken, ein Lichtstrahl scheint auf ihn und eine tiefe Stimme tönt: «Ich, der Herr, bin hier! Lass die Wurzel los, und ich werde dich retten!» Der Mann überlegt kurz und ruft dann: «Ist noch jemand anders da oben?»

Unser Universum entstand durch puren Zufall und wird irgendwann durch einen kosmischen Rülpser wieder ausgelöscht werden. Meiner Meinung nach besteht der Sinn unseres Lebens darin, wie sich jeder auf seine Art vor dieser banalen Erkenntnis drückt. Die einen benebeln sich mit Religion, Drogen oder ausschweifendem Sex. Die anderen mit politischer Macht oder Applaus im Showgeschäft. Und sollte ich trotzdem nach meinem Tod vor dem Herrgott stehen, dann sage ich eben: «Mist. 1:0 für dich!»

FREITOD

ES IST MANCHMAL UNBEQUEMER, FÜR DIE FREIHEIT
EINZUSTEHEN, ALS EINFACH BEI EINEM ABENDESSEN
DIE ALLGEMEINE MEINUNG ABZUNICKEN.

Dirk Maxeiner

ICH BIN SEHR FROH, DASS ICH UNGESTRAFT WITZE ÜBER RELIGIONEN MACHEN KANN. Das ist in Deutschland noch gar nicht so lange möglich. Als meine Kollegen Bruno Jonas und Siggi Zimmerschied vor dreißig Jahren in Passau ein religionskritisches Programm aufführten, sind sie noch wegen Gotteslästerung angeklagt worden. Diese Zeiten sind zum Glück vorbei. Sogar in Passau. Andere Länder sind in Sachen freie Meinungsäußerung noch nicht so weit. 2006 betrat bei der Auslosung zur Fußball-WM Heidi Klum die Bühne, woraufhin das iranische Fernsehen alle Szenen mit ihr herausschnitt, weil ihr Kleid angeblich zu aufreizend war. Wahrscheinlich hätten die Iraner sonst den Fernseher gesteinigt.

Bei uns hat jeder das Recht, seine Meinung in Wort, Bild und Schrift frei zu äußern. Das ist nicht immer schön. Ich sage nur: Jürgen Fliege.

Doch wie frei ist die freie Presse? Führt sie wirklich zu einer reflektierten, kritischen Meinung? Oder in die geistige Kapitulation? Darüber habe ich mich mit dem Autorenduo Dirk Maxeiner und Michael Miersch unterhalten. Die beiden Journalisten schreiben seit Jahren Bücher, Artikel und Kolumnen, in denen sie unter anderem mit der eigenen Branche hart ins Gericht gehen. «Nachrichten nehmen immer die gleiche Kurve: Es brodelt los, dann geht's ganz schnell hoch, und plötzlich wird auf allen Kanälen, auf allen Titelseiten nur noch über dieses eine Thema berichtet. Danach versandet es wieder und gerät in Vergessenheit. Aber es bildet sich das Bewusstsein, dass immer irgendwo eine Gefahr lauert, und darauf baut dann der nächste Hype auf.»

Dirk Maxeiner und Michael Miersch, Journalisten

Vielleicht ist also doch nur alles Panikmache, und wir stehen gar nicht kurz vor der Apokalypse. Es ist womöglich nicht fünf vor zwölf, sondern vielleicht erst zwölf vor fünf. Ich bin fast ein wenig enttäuscht.

«Ich glaube, der Weltuntergang hat etwas Entlastendes», sagt Miersch mit einem breiten Grinsen, und Maxeiner nickt dazu. «Stimmt. Meine Schulden, die wären auf einen Schlag weg. Das Haus wäre bezahlt!» Genau in dem Moment bimmelt vom Kirchturm gegenüber das Glöckchen. Ein Zeichen!

Kann man Journalisten glauben? Welche Informationen sind relevant? Wer weiß wirklich, was Sache ist? Und warum hört dem meist keiner zu?

....

DER ALLERGRÖSSTE TEIL DER DEUTSCHEN JOURNALISTEN LIEST MORGENS ERST MAL DIE SÜDDEUTSCHE UND ORIENTIERT SICH AN DEN DORT VERTRETENEN MEINUNGEN. UND WENN MAN AUS DIESEM MEINUNGSKANON AUSBRICHT, KANN ES SCHWIERIG WERDEN MIT DEN KOLLEGEN.

Michael Miersch

....

13. INFORMIERT, ABER AHNUNGSLOS

Das Schöne an meinem Beruf ist, dass ich mich tagsüber mit den Dingen beschäftigen kann, für die andere nur abends Zeit haben: Ich lese Bücher und Tageszeitungen, recherchiere im Internet und informiere mich im öffentlich-rechtlichen Bildungsfernsehen: beim *Bergdoktor*, im *Musikantenstadl* und natürlich bei *Wetten, dass ..?*

Im April 2007 gab es dort eine Saalwette, in der die Leute dreihundert Klotüren vor das Freiburger Münster schaffen mussten. Kein Wunder, dass uns die Taliban nicht ernst nehmen. Ist das der Bildungsauftrag, für den wir jeden Monat unsere GEZ-Gebühren unterschlagen?

Es gab mal eine Zeit, da hat man bei Sportübertragungen einfach nur Sport übertragen. Heute erfahre ich ALLES. Haarklein: Der Schlagmann des Deutschland-Achters hatte eine schwere Kindheit, weil sein Bruder bei einem Unfall mit einem Mähdrescher traumatisiert wurde; ein dreiundachtzigjähriger Schalke-Fan baut seit fünf Jahren in seinem Hobbykeller die Veltins-Arena maßstabsgetreu mit Salzteig nach, oder es wird berichtet, wie Boris Becker seine Frau im Schlafzimmer nennt. Warum kann mir eigentlich das ZDF nicht mal unser Finanzsystem mit der Intensität erklären, mit der RTL in ein Formel-1-Wochenende geht?

Bereits 1891 untersuchte der Soziologe Herbert Spencer, welche Themen in den Medien besonders hysterisch und aufgeregt behandelt wurden und welche Relevanz sie nach dem damaligen Stand der Forschung tatsächlich hatten. Das Ergebnis: Die mediale Aufmerksamkeit eines Problems verhält sich indirekt proportional zu seiner tatsächlichen Dringlichkeit. Oder einfach ausgedrückt: je hysterischer, umso unbedeutender.

Fragt man beispielsweise einen Bundesbürger, wie viele Morde seiner Meinung nach pro Jahr in Deutschland verübt werden und ob die Mordrate zu- oder abnehmend sei, so liegt die Antwort meist bei weit über tausend Opfern, Tendenz steigend. Tatsächlich wurden 2010 in der Bundesrepublik 690 Morde gezählt. Tendenz: seit Jahrzehnten fallend.

In Diktaturen halten sich die Bürger für relativ unbedroht von Mord und Raub, weil die dortige Zensur die Berichte darüber systematisch unterdrückt. In Ländern mit freier Presse geistern spektakuläre Einzelfälle wochenlang durch die Medien und hinterlassen den Eindruck, man lebe in einem Land voller Massenmörder.

Es ist paradox. In Nordkorea wissen die Leute nichts, weil es keine freie Presse gibt. In Deutschland wissen die Leute auch nicht viel mehr, weil sie von der freien Presse permanent mit den belanglosesten Informationen zugebombt werden.

Schon vor zweitausendsechshundert Jahren wusste der Philosoph Aischylos: Wer *nützliche* Dinge, und nicht wer *viele* Dinge weiß, ist klug. Andererseits war er auch nie Kandidat bei *Wer wird Millionär?*. Günther Jauch stellt zwar viele Fragen, aber im Endeffekt ist er die Antwort – die Antwort auf die Zerstückelung unseres Wissens. Denn wenn alles gleich wichtig ist, ist irgendwann nichts mehr wichtig.

Letztes Jahr lud man mich in eine bekannte Kabarettsendung ein, für die ich eine tagesaktuelle, kritische Nummer vorbereiten wollte. Ich bewaffnete mich also mit Stift und Papier und zappte in die «erste Reihe». Gebannt verfolgte ich die Topmeldungen in den *heute*-Nachrichten über einen Klimaanlagenausfall im ICE, den Freispruch eines Wettermoderators und das

Verbot von Heizpilzen in Berlin. Schick aufbereitet in einem dreißig Millionen teuren Designer-Studio, in dem man lockere Anmoderationen und hereinschwebende Computergraphiken mit investigativem Journalismus verwechselt.

Das Fernsehen hat selbstverständlich auch durchaus positive Seiten. Der letzte Irakkrieg wurde nur aufgrund des Fernsehens beendet. Und zwar, weil die Einschaltquoten auf CNN so schlecht waren.

Natürlich war auch ich zutiefst erschüttert, als ich am 26.10.2010 in den Nachrichten hörte, dass Orakelkrake Paul in der Nacht zuvor sanft entschlafen ist. Aber gäbe es nicht wichtigere Fakten zu berichten? Mangelnde Hygiene in Krankenhäusern oder die hohe Zahl der Alkoholopfer stellen in Deutschland wirklich relevante Probleme dar. Doch darauf reagieren die Medien vergleichsweise gelassen. Herbert Spencer hatte für dieses Phänomen eine Erklärung: Wenn ein gesellschaftliches Problem wie z. B. Armut, Hunger oder Kinderarbeit weit verbreitet und schwerwiegend ist, wird es in der Gesellschaft kaum diskutiert und oft nicht einmal registriert. Sobald jedoch bestimmte Umstände zu seltenen Ausnahmen werden, ziehen sie mehr Aufmerksamkeit auf sich. Exotische Nachrichten verkaufen sich einfach besser. «Hund beißt Mann» ist eine lahme Schlagzeile. «Mann beißt Hund» ist da schon wesentlich spektakulärer.

In Wirklichkeit regen wir uns nicht deswegen auf, weil irgendetwas gefährlich ist, sondern wir denken, irgendetwas ist gefährlich, weil wir uns aufregen. Am Ende glauben wir nicht das, was wissenschaftlich erwiesen ist, sondern das, was wir überall massenhaft gehört, gelesen oder gesehen haben. Und dadurch verplempern wir unsere Zeit mit Scheindebatten und Pseudoproblemen.

Die uns ständig als topaktuell und revolutionär angepriesene Wissensflut trägt dazu bei, unser Verständnis von der Welt zu vernebeln. «Wir sind die informierteste und gleichzeitig ahnungsloseste Gesellschaft, die je existiert hat», glaubt der Schriftsteller Peter Turrini.

Zumindest bei mir hat diese Ahnungslosigkeit Konsequenzen. Ich informiere mich zwar in der freien Presse und treffe daraufhin scheinbar freie Entscheidungen. Doch oft realisiere ich gar nicht, dass ich dabei unbewusst gelenkt werde.

Angenommen, ich hätte ein paar Millionen im Lotto gewonnen und wollte mit dem Geld möglichst effektiv die Welt verbessern. Wie würde ich es am besten ausgeben?

Schenkte ich den Medien Glauben, müsste ich das Geld auf jeden Fall in Klimaprojekte investieren. Klimaschutz ist das medial stärkste Thema, daher fließt dort auch das meiste Geld hin. Die Bundesregierung hat bisher etwa fünfzig Milliarden Euro in die Subvention von Solaranlagen gesteckt. Eine Investition, mit der man vermutlich die Erderwärmung um knapp eine Stunde verzögern kann. Eine Google-Suchanfrage zum Begriff «Erderwärmung» kostet so viel Energie, dass die Stunde wieder ausgeglichen wird.

Wenn ich das Geld für die Aids-Bekämpfung verwende, ist es schon ein wenig besser eingesetzt. Mit Kondomen und besseren Medikamenten werden ganz konkret Menschenleben gerettet. Allerdings ist HIV medial nicht deswegen so ein großes Thema, weil so viele Menschen daran sterben, sondern weil viele Prominente an Aids erkrankten. Man orientiert sich also nicht an der Anzahl der Opfer, sondern an deren Berühmtheitsgrad. Das ist der Grund, weshalb im Fernsehen relativ wenige glamouröse Durchfall-Galas stattfinden. Obwohl durch Durchfall-Erkrankungen pro Jahr weltweit 1,7 Millionen Menschen sterben. Die meisten davon Kinder, die sich durch schmutziges Trinkwasser infizieren. Prophylaxe und Therapie würde pro Kind ein paar

Cent kosten. Wenn ich also wirklich im Lotto gewinne, werde ich mein Geld effektiv einsetzen und es in Durchfall-Projekte stecken! Denn für Diarrhö gibt's keine Kohle. In den Medien findet sie nicht statt – vielleicht auch, weil eine rote Schleife wesentlich eleganter aussieht als eine braune.

Im Kampf um Marktanteile, Quoten und Auflagenzahlen haben viele Medienmacher erkannt, dass es einfacher ist, die Emotionen der Öffentlichkeit zu beeinflussen, als rational über komplexe Fakten und komplizierte Hintergründe aufzuklären.

Dirk Maxeiner sagte über seinen Berufsstand: «Wir haben einen vorauseilenden Gehorsam in vielen Dingen und einen Corpsgeist, dass man bestimmte Themen entweder gar nicht beleuchtet oder nur aus einer bestimmten Sicht.» Und ich dachte immer, Journalisten seien kritisch, frei und unabhängig!

«Ein Journalist sollte sich nie mit einer Sache gemein machen. Noch nicht einmal mit einer guten», lautete das Motto des Journalisten Hanns Joachim Friedrich. Die Realität sieht anscheinend anders aus. So werden im Tagesgeschäft Pressemitteilungen von Unternehmen und Organisationen oft 1:1 übernommen und als redaktionelle Artikel verkauft. Ohne Recherche und ohne die Gegenseite zu hören.

Selbst wenn ein politisches Thema umfassend und kritisch beleuchtet wird, sollte man ein gesundes Misstrauen an den Tag legen. Denn nach der 2005 veröffentlichten repräsentativen Studie «Journalismus in Deutschland» bezeichnen sich nicht einmal zwanzig Prozent der befragten Journalisten als politisch unabhängig. Fast zwei Drittel fühlen sich dem rot-grünen Spektrum zugehörig. Dürften bei der nächsten Bundestagswahl nur Journalisten wählen, wären die Grünen mit großem Abstand die stärkste Partei. Fast die Hälfte der Journalisten verdient weniger als zweitausend Euro netto im Monat, und die meisten haben einen geisteswissenschaftlichen Hintergrund.

Journalisten sind also keineswegs ein Spiegel unserer Gesellschaft, sondern spiegeln nur einen ganz bestimmten Teil der Bevölkerung mit einer sehr ähnlichen Weltanschauung wider: Menschen, die literweise Kaffee trinken, zu wenig Geld verdienen und an die Klimakatastrophe glauben. Kein Wunder, dass die meisten Meldungen in Deutschland so depressiv und negativ sind.

Vor einigen Jahren ließ der Statistikprofessor Walter Krämer seine Studenten in verschiedenen Tageszeitungen diejenigen Nachrichten auszählen, die einem Panikthema gewidmet waren. Bei der *Frankfurter Rundschau* waren das zehnmal so viele wie in der Pariser Zeitung *Le Monde* oder in *El País* aus Madrid. Wer also einen Monat lang konsequent deutsche Tageszeitungen liest, glaubt, der Untergang der Menschheit stünde kurz bevor. Und wenn morgen tatsächlich die Welt untergehen sollte, schreibt die *Süddeutsche* noch: «Bayern trifft's am härtesten!»

«Freiheit ist das Recht, Leuten das zu verkaufen, was sie nicht hören wollen», sagte einst der Schriftsteller George Orwell. Betrachtet man die deutsche Medienlandschaft, hat man oft den Eindruck, es ist genau umgekehrt. Man versorgt die Leute mit genau der Fülle von Informationen, die sie hören wollen. Aber auch Journalisten haben nun mal das Recht auf freie Meinungsäußerung.

Vor einiger Zeit wurden wir monatelang mit Bildern von depressiven Eisbären terrorisiert, die einsam und alleine auf kleinen Eisschollen in die Abendsonne trieben. Tatsächlich hat sich in den letzten fünfzig Jahren der Eisbärenbestand in der Arktis fast verfünffacht. Im Gegensatz zum Braunbärenbestand in Deutschland. Der lag 2006 bei exakt EINEM Exemplar: Bruno! *Ein* mickriger Bär in Bayern, und trotzdem kündigte der damalige Ministerpräsident Stoiber an: «Der Bär muss abgeschossen werden, weil er Schaden anrichtet!» Was ist das nur für ein Argument? Nach dieser Theorie müsste man das gesamte bayerische Kabinett an die Wand stellen.

Im Endeffekt ist das Leben in Deutschland viel unspektakulärer und ungefährlicher, als uns die Medien glauben machen wollen. Unterhält man sich mit Deutschen, die ein paar Jahre im Ausland gelebt hatten und wieder zurückgekommen sind, sagen die im Prinzip alle das Gleiche: «Eigentlich hat sich hier nichts verändert. Seit vierzig Jahren ist es fünf vor zwölf, irgendwas kann nicht entschieden werden, weil irgendwo Landtagswahlen sind – und Carpendale ist immer noch auf Abschiedstournee.»

VIELLEICHT MACHEN WIR UNS JA TATSÄCHLICH ZU VIELE GEDANKEN. Oder die falschen. Zum Beispiel lese ich ständig, dass wir in einer modernen Stressgesellschaft leben. Früher war das Leben angeblich viel entspannter. Ich glaube, das stimmt nicht. Früher waren die meisten Menschen Bauern. Und haben Sie eine Ahnung, wann Kühe morgens aufstehen? Könnte es möglich sein, dass wir heutzutage chronisch unterfordert sind und uns *deswegen* so einen Stress machen? Noch vor dreißig Jahren war man müde, heute hat jeder ein Burnout. Sogar für das Nichtstun haben wir einen Begriff gefunden, der Aktivität vorgaukelt: Wellness. Früher war mein Nachbar einfach nur stinkfaul, heute sagt er: «Du, ich bin ein *trockener Workaholic* ...»

Es ist paradox. Wir werden so alt wie noch nie, aber sind davon überzeugt, dass es mit unserer Gesundheit den Bach runtergeht. Obwohl nur etwa drei Prozent aller Bundesbürger nachweislich an Allergien leiden, glaubt inzwischen fast jeder, gegen irgendetwas allergisch zu sein. Sobald im Frühling die ersten Krokusse sprießen, horcht man in sich hinein und fühlt sich «irgendwie komisch». Noch vor wenigen Jahrzehnten hatten wir einfach nur Schnupfen. Wie fürchterlich naiv wir damals waren! Wahrscheinlich sind sogar die Dinosaurier wegen einer Schachtelhalm-Unverträglichkeit ausgestorben.

Im Dunstkreis von Heilpraktikern, Yogazentren und Esoterikläden entstand die fixe Idee, die Diagnose durch das Gefühl zu ersetzen. «Wenn man sich in eine pseudowissenschaftliche Theorie vernarrt hat, befindet man sich auf einmal in einem geistigen Gefängnis. Man wird komplett unfähig, Fakten zu sehen, die nicht zu der Theorie passen», erklärt mir der Wissenschaftsjournalist Rolf Degen. Für mich ist Degen ein echter Wahrheitssucher. Sein großes Anliegen ist es, mit wissenschaftlichen Methoden den Dingen auf den Grund zu gehen.

Der studierte Psychologe wurde von vielen angefeindet, als er das «Lexikon der Psychoirrtümer» schrieb und darin viele Methoden der Psychotherapie und -analyse als pseudowissenschaftlich entlarvte. «Ich war damals naiv. Ich hatte für meine Thesen fundierte Argumente und dachte, sie werden alle überzeugen. Aber ich musste erkennen, dass ich einen Kampf gegen Windmühlen geführt habe.» Warum nur sind die pseudowissenschaftlichen Windmühlen so mächtig? Produzieren sie wirklich nur heiße Luft? Und was hat das Ganze mit Freiheit zu tun?

....

ICH HABE IN MEINEM LEBEN EINIGE
GEDANKENSYSTEME ABGEWORFEN. ABER DAS
DER FREIHEIT, DAS IST DEFINITIV GEBLIEBEN.

Rolf Degen

....

Rolf Degen,
Wissenschaftsjournalist

VON NIX
KOMMT NIX

14. Neulich errichtete die Telekom bei mir um die Ecke einen Mobilfunkmast. «So eine Frechheit!», nölte meine Exfreundin Gudrun und gründete kurze Zeit später eine Bürgerinitiative gegen Elektrosmog. Innerhalb eines Wochenendes unterschrieben über fünfhundert Leute, die seit der Errichtung des Mastes unter Kopfschmerzen und Übelkeit litten. Als Gudrun dann zwei Tage später einem Telekom-Sprecher triumphierend das Protestschreiben übergab, meinte der: «Und wie schlimm muss es erst werden, wenn wir den Mast nächste Woche auch noch in Betrieb nehmen ...»

Zu den großen Paradoxien unserer Zeit zählt das Phänomen, dass mit wachsendem wissenschaftlichem Fortschritt auch die Opposition gegen die Naturwissenschaft erstarkt ist. Statt seine Kinder vom Facharzt gegen Röteln impfen zu lassen oder bei Kopfschmerzen ein Aspirin zu nehmen, vertraut man lieber einem Alternativmediziner, der mit wissenschaftlich nicht nachweisbaren Behandlungsmethoden pendelt, spürt und harmonisiert auf Chakra komm' raus. «Ganzheitlich» ist «in». Alles, was nach reiner Naturwissenschaft riecht, ist irgendwie suspekt.

Aber schränkt nicht genau dieses Denken unsere Freiheit ein? Immerhin gibt uns die Naturwissenschaft die Möglichkeit, Dinge kritisch zu hinterfragen und unsere Sichtweisen zu revidieren. Ein Bauer kommt jeden Morgen zum Füttern in den Gänsestall, und die Gänse denken sich: «Mensch, unser Bauer – ein super Kumpel!» Kurz vor Weihnachten allerdings wird den Gänsen schlagartig klar: «Irgendwas an unserer Theorie ist faul ...» Im wissenschaftlichen Fachjargon nennt man so etwas «Falsifizierbarkeit». Jede Theorie gilt nur so lange als richtig, bis sie entkräftet und durch eine bessere ersetzt wird. Und dadurch irren wir uns quasi nach oben. Wenn es Ihnen als Wissenschaftler gelingt, morgen die Relativitätstheorie umzustoßen, kann Einstein einpacken. Wenn Sie es als Priester schaffen, morgen die Existenz Gottes zu widerlegen, können Sie als Priester einpacken. Oder anders gesagt: Wer glauben muss, was andere sagen, ist ziemlich unfrei. Wer allerdings weiß, dass sein Wissen über die Welt nur vorläufig und verbesserungswürdig ist, der hat die Freiheit, seine Einstellungen zu verändern.

Deswegen bin ich ein so großer Fan der Naturwissenschaft. Wir Wissenschaftler leben davon, dass wir uns ständig den eigenen Ast absägen, auf dem wir sitzen. Die harte, aber gerechte Regel heißt: Wenn eine Idee nicht funktioniert, muss sie über Bord geworfen werden.

2005 führte die Universität Bern die wohl umfassendste und seriöseste Untersuchung zum Thema Homöopathie durch und heraus kam: nichts. In den Präparaten ist nicht nur nichts drin, sondern an ihnen ist auch nichts dran.

Und trotzdem: Gudrun schwört darauf und bezeichnet die Homöopathie sogar als Wissenschaft. Obwohl sie sämtliche Staffeln von *Grey's Anatomy* zu Hause hat, verachtet sie im echten Leben die Schulmedizin und therapiert sich lieber mit Belladonna D30.

Auch mich will sie ständig bekehren. Als ich neulich eine fiebrige Erkältung hatte, steckte sie mir sofort irgendwelche Zuckerkügelchen zu. Ich nahm sie dankend an, schmiss sie bei mir zu Hause in den Mülleimer und ging ins Bett. Am nächsten Morgen wachte ich auf und die Erkältung war wie weggeblasen. Ein paar Tage später gestand ich Gudrun, dass ich ihre Globuli weggeworfen habe. Da sagte sie nur: «Glaubst du mir jetzt endlich? Obwohl der Mülleimer fast sechs Meter von deinem Bett entfernt steht, konnten die Kügelchen das Fieber innerhalb von nur einer Nacht verschwinden lassen!»

Homöopathie basiert auf dem sogenannten Simile- oder Ähnlichkeitsprinzip. Vor etwa zweihundert Jahren behauptete der deutsche Arzt Samuel Hahnemann, man könne eine Krankheit durch das Mittel heilen, das bei einem gesunden Menschen ähnliche Symptome hervorruft. Wenn ein Patient zum Beispiel unter starken Kopfschmerzen leidet, muss man etwas finden, was bei einem Gesunden genau die gleichen Kopfschmerzen verursacht. Zum Beispiel einen wuchtigen Schlag mit einer Dachlatte gegen den Hinterkopf. Natürlich nur in homöopathischen Dosen.

Der alte Spruch «Von nix kommt nix» gilt nicht mehr. Homöopathen arbeiten nämlich mit dem Prinzip der Hochverdünnung: Je dünner die Beweise für ihre Wirksamkeit, desto populärer wird sie. In dem Präparat Belladonna D30 wird die Ausgangssubstanz durch ein Lösungsmittel wie Alkohol oder Milchzucker dreißigmal hintereinander verdünnt. Und zwar – James Bond lässt grüßen – nicht durch Rühren, sondern durch Schütteln.

Das ist, als ob man in Frankfurt einen Autoschlüssel in den Main wirft und dann in Würzburg versucht, mit dem Mainwasser das Fahrzeug zu starten. Denn ab der vierundzwanzigsten Verdünnungsstufe ist nachweislich kein einziges Belladonna-Molekül mehr in der Lösung. Ist auch nicht nötig, sagt der Homöopath. Denn die Information des Wirkstoffes werde durch das Schütteln mit Hilfe einer «geistartigen Kraft» auf das Lösungsmittel übertragen. Und weil das Lösungsmittel ein Gedächtnis habe, speichere es die Information und erinnere sich auch nach mehreren Monaten noch daran. Diesen Vorgang nennt der Homöopath «potenzieren». Die geistartigen Kräfte der diversen

Verunreinigungen, die durch das ständige Schütteln entstehen, werden wundersamerweise nicht potenziert. Das Mittel weiß offenbar ganz genau, welche Geister es verstärken soll und welche nicht. Faszinierend, oder? Es gibt Menschen, die sitzen in geschlossenen Psychiatrien für weit weniger.

«Du immer mit deiner arroganten Wissenschaft», schnauzt Gudrun mich an. «Die Globuli wirken eben nur dann, wenn man daran glaubt.» Mag sein, aber der Witz an echten Wirkstoffen ist ja gerade, dass sie unabhängig davon, ob man daran glaubt oder nicht, eine Wirkung haben. Bestes Beispiel: fünf Milligramm Strychnin im Kaffee. Wenn Sie nicht daran glauben, probieren Sie's einfach mal aus.

Natürlich sollte jeder die Freiheit haben, Mittelchen einzunehmen und Behandlungsmethoden auszuprobieren, von denen er glaubt, sie helfen. Aber wie frei sind wir, wenn wir Glauben und Wissen verwechseln? Und wie seriös sind Ärzte und Apotheker, die die Globuli als reale Wirkstoffe verkaufen? Sind sie nicht genauso ernst zu nehmen wie Fluglotsen, die davon überzeugt sind, die Erde sei eine Scheibe?

Obwohl die Wirkungslosigkeit der Homöopathie mittlerweile als nachgewiesen gilt, vertreten sogar mehrere Stiftungsprofessuren die skurrile Lehre an deutschen Hochschulen und der Präsident der Bundesärztekammer fordert öffentlich eine noch größere Kombination von Schul- und Alternativmedizin. Versteht man das unter Forschungsfreiheit?

«Es gibt eben wundersame Dinge, die sich mit Naturwissenschaft nicht erklären lassen!», sagt Gudrun. Der Erkenntnistheoretiker David Hume schrieb über diese Art von Argumentation: «Die Annahme, etwas sei ein Wunder, ist nur dann gerechtfertigt, wenn alle alternativen Erklärungen noch unwahrscheinlicher sind.» Dazu ein kleines Beispiel: Angenommen, Ihr Nachbar behauptet, er hätte eine Topfpflanze, die sämtliche Arien aus *Aida* singen kann. Was ist wahrscheinlicher: Es gibt diese Topfpflanze, oder Ihr Nachbar hat einen Sprung in der Schüssel? Jeder weiß doch: Topfpflanzen singen viel lieber Puccini.

Das Dilemma der Homöopathie ist nicht, dass es keine wissenschaftliche Erklärung für sie gibt, sondern, dass sie keine Methode anbietet, mit der man ihre angeblichen Erfolge überprüfen und sie im Zweifelsfall widerlegen kann.

Schon im alten Rom hieß es: Wo der Zweifel ist, da ist die Freiheit. Denn wenn wir nicht zweifeln, sind wir nichts als Wachs in den Händen von Politikern, Religionsführern oder Homeshopping-Verkäufern.

Wissenschaft ist sicherlich kein Allheilmittel. Und perfekt ist sie auch nicht. Wir können auf den Mond fliegen, aber sind gleichzeitig nicht in der Lage, einen simplen Schnupfen wirkungsvoll zu behandeln. Diese Diskrepanz sehen viele Menschen als eklatanten Widerspruch, und der ist zugegebenermaßen schwer auszuhalten. Denn wir alle wollen am liebsten auch für hochkomplizierte Sachverhalte einfache, klare Lösungen. Kann ich bedenkenlos Rindfleisch essen? Wie kann ich Hautkrebs vermeiden? Wodurch werden Allergien ausgelöst? Leider sind die Antworten darauf hochkomplex und teilweise überhaupt nicht eindeutig. Oft ist es nicht einmal möglich, Ursache und Wirkung festzustellen.

Aber hilft es uns wirklich weiter, eine Wissenschaft durch eine Pseudowissenschaft zu ersetzen, die man nur glauben, aber nicht überprüfen kann? Machen wir uns nicht gerade dadurch unfrei und abhängig?

Wenn Sie wissen wollen, wann die nächste Sonnenfinsternis ist, können Sie sich an einen Magier wenden, aber Sie fahren viel besser mit einem Astronomen. Das Geschlecht Ihres ungeborenen Kindes können Sie durch einen Pendler bestimmen lassen oder durch eine Fruchtblasenpunktion. Sie können zu einem Medizinmann gehen, damit er den Zauber aufhebt, der Ihre perniziöse Anämie verursacht, oder Vitamin B 12 nehmen.

Probieren Sie es mit der Wissenschaft. Nichts anderes reicht an ihre Genauigkeit heran. Ob es uns gefällt oder nicht, aber nur mit wissenschaftlichem Denken haben wir die Freiheit, unser Weltbild zu überprüfen und gegebenenfalls über den Haufen zu werfen.

Gestern übrigens habe ich Gudrun wiedergesehen. Mit einem Gipsarm. Als ich sie fragte, was denn passiert sei, antwortete sie zerknirscht: «Ich bin auf meinen Zuckerkügelchen ausgerutscht.» Manchmal wirkt Homöopathie eben doch.

TETRIS FÜR ANTHROPOSOPHEN

HABE ICH ES MIR JETZT MIT MEINER KRITIK AN DER ALTERNATIVMEDIZIN BEI IHNEN, LIEBER LESER, VERSCHERZT? Das täte mir leid. Aber als Komiker ist es nun mal meine Pflicht, mich mit Tabus und Denkverboten zu beschäftigen. Und mit Randgruppen. Meine nächste Etappe führte mich deshalb zu einem Berufspolitiker. Noch dazu einem von der FDP.

Ich machte mich auf in die Höhle des entfesselten Raubtierkapitalismus. In das Städtchen Lich bei Gießen. Dort wohnt Hermann Otto Solms, der Vizepräsident des deutschen Bundestages. Ich klingele, eine junge Frau Anfang zwanzig öffnet und strahlt mich an. Bei einem altgedienten SPD-Politiker würde ich jetzt nach dem werten Gatten fragen. «Papi ist noch kurz im Garten und schaut nach unseren Zwerghühnern.»

Endlich mal ein Neoliberaler, der sich nicht nur um die großen Tiere kümmert!

Warum der Begriff «liberal» eigentlich so negativ besetzt ist, möchte ich wenig später von Solms wissen. – «Es ist halt nicht romantisch, was wir machen», erklärt er mir. «Aber die Deutschen lieben die Romantik. Wir fordern von den Menschen am meisten ab, denn Eigenverantwortung ist etwas, was Anstrengung erfordert, Mut zum Risiko. Deswegen ist sie ja so unbeliebt. Vielen Bürgern ist es lieber, wenn ihnen alles vorgekocht wird. Das ist das Problem der Freiheit.»

Klar, denke ich mir. Würde ich aus einem neunhundert Jahre alten Hochadelsgeschlecht stammen und hätte finanziell nie Probleme gehabt, würde ich auch solche Reden schwingen. Als ob er meine Gedanken erraten hätte, legte Solms nach: «Möglicherweise haben es wohlhabende Leute leichter, individualistisch zu leben. Aber Liberalismus ist eine Geisteshaltung und keine Einkommensgruppe.»

Der Mann ist viel nahbarer und lockerer, als ich dachte. Wir redeten über Demokratie, Politikverdrossenheit und Selbstbestimmtheit. «Man bekommt das Leben geschenkt, ob man will oder nicht. Und man muss sich fragen: Will ich geführt werden und nur mit dem Strom schwimmen? Die Idee der Demokratie ist ja die Willensbildung vom Individuum aus. Und das kann nur das verantwortlich lebende Individuum sein.»

Wo er recht hat, hat er recht. Seit zweitausendfünfhundert Jahren versuchen die Menschen, in demokratischen Prozessen ihre Interessen zu vertreten. Im antiken Athen, während der Französischen Revolution und – völlig verrückt – seit neuestem sogar in Stuttgart.

....

FREIHEIT IST DIE DROGE FÜRS LEBEN.

Dr. Hermann Otto Solms

....

Dr. Hermann Otto Solms,
Politiker

WER WILL SCHON NACH ULM?

15

Charles Darwin machte vor rund hundertfünfzig Jahren eine revolutionäre Entdeckung: Er zeigte, dass wir Menschen nichts weiter sind als überentwickelte Bakterien. Während der Mensch sechsundvierzig Chromosomen besitzt, haben manche Farnarten über sechshundert. Mit dieser Tatsache können sich die meisten allerdings nur schwer abfinden.

In vielen Aktivitäten unterscheidet sich der Homo sapiens nicht wesentlich von Hirschkäfern oder Stabheuschrecken. Mitunter ähnelt unser Verhalten dem von primitiven Lebensformen so sehr, dass es fast schon unerträglich ist. Ameisen zum Beispiel züchten Pilze, halten Blattläuse als Viehbestand, schicken Armeen in den Krieg, verwenden chemische Sprays, um Feinde zu verwirren, lassen Kinder arbeiten und tauschen pausenlos Informationen aus. Das heißt, sie tun praktisch alles, was wir auch tun, nur, dass wir außerdem Handytarife vergleichen und Nordic walken.

Auch Sozialwahlen oder Volksentscheide sind in einem Ameisenstaat gänzlich unbekannt. Der Drang nach Mitbestimmung ist typisch menschlich. Schon im Kindergarten wählen wir einen Gruppensprecher, später gründen wir Bürgerinitiativen für Umgehungsstraßen und stimmen im Kegelklub ab, welche Farbe die Vereinssocken haben sollen.

Entwickelt hat sich die freiheitliche Idee der Mitbestimmung vor etwa zweitausendfünfhundert Jahren im alten Athen. Damals war Griechenland noch eine Hochkultur – auch wenn man sich das heute gar nicht mehr vorstellen kann. Griechenland wurde sogar demokratisiert, ohne dass die USA einmarschieren mussten. Auch das ist heute praktisch unmöglich.

Allerdings war dort die Teilnahme am demokratischen Prozess kein Allgemeingut, sondern ein Privileg der Oberschichten. Frauen und Sklaven hatten in der Polis, dem griechischen Stadtstaat, nichts zu melden. Nur vermögensunabhängige Männer durften am politischen Leben teilnehmen. So ähnlich wie im heutigen Italien. Und besonders human war das Ganze damals auch noch nicht. So wurde Sokrates, der berühmteste Grieche nach Otto Rehhagel, von einer fünfhundertköpfigen Volksvertretung in einer öffentlichen Abstimmung zum Tode verurteilt. Im Wesentlichen, weil er den Athenern mit seinem Gelaber auf den Geist gegangen ist. Da kann Mappus froh sein, dass er im Schwabenland lebt.

Unsere heutige Demokratie garantiert uns eine größere Freiheit als damals. Unveräußerliche Menschenrechte, das Recht auf eine Opposition, der Schutz von Minderheiten, das Recht auf Meinungsfreiheit und sogar das Recht, gar keine Meinung zu haben!

Und dieses Recht nehme ich immer öfter in Anspruch. Ob Atomausstieg, Quotenregelung oder Schuldenbremse – ständig wird man aufgefordert, klar Position zu beziehen. Wenn man heutzutage sagt: «Is mir egal!», gilt man als demokratiefeindliche Dumpfbacke. Aber ist es nicht gerade eine große Errungenschaft der Demokratie, dass es mir völlig wurscht sein darf, ob ein Stuttgarter zwölf Minuten früher am Ulmer Hauptbahnhof ankommt oder ein Münchener sogar, «ohne dass er am Flughafen noch einchecken muss, also quasi am Hauptbahnhof ins Flugzeug steigt»?

Als ich im Herbst 2010 ein Gastspiel in Stuttgart gab, drückte mir eine ältere Dame auf dem Bahnhofsvorplatz ein Fähnchen in die Hand und versuchte mich davon zu überzeugen, für den

Juchtenkäfer zu demonstrieren. «Aber durch den neuen Bahnhof kommen Sie doch viel schneller nach Ulm», versuchte ich ein kritisches Gespräch. – «Unn waas will i doo? I han hier doch alles ...»

Für mich ist die kollektive Hysterie nicht immer nachvollziehbar. Warum legt man eigentlich nicht Stuttgart tiefer und lässt den Bahnhof oben?

Natürlich sind Volksabstimmungen keine dumme Idee. Denn es ist nachgewiesen, dass in Ländern mit einer direkten Demokratie auch das politische Allgemeinwissen der Bevölkerung höher ist. So wissen zum Beispiel zwei Drittel der Schweizer mehr über ihr Rentensystem als deutsche Sozialpolitiker über das unsrige.

«Soun Quatsch, Volksabstimmung. Da dürfte doch aach alle Deppe abstimme!», argumentiert mein Onkel mit feiner Klinge. Aber was wäre daran so schlimm? Zumal es dazu ein sehr erhellendes Experiment gibt: Vor etwa hundert Jahren hat der Wissenschaftler Francis Galton eine Gruppe von achthundert Menschen das Gewicht eines Ochsen schätzen lassen. Alle mussten unabhängig voneinander einen Tipp abgeben, und dann wurde daraus der Durchschnittswert ermittelt. Das Verblüffende war: Dieser Wert entsprach bis auf wenige Gramm dem tatsächlichen Gewicht des Tieres. Genauso läuft's in einer guten Demokratie: Im Schnitt ist die große Masse vielleicht nicht sonderlich intelligent, aber was sie auf jeden Fall erkennt, sind die Ochsen.

Doch selbst wenn wir die Rindviecher durchschauen, wirklich abwählen können wir sie eigentlich nicht. Seit zwanzig Jahren eiern Gestalten wie Lafontaine, Brüderle oder Trittin durch den Bundestag. Wer hat die eigentlich gewählt? Die Hälfte aller Bundestagsabgeordneten ist in ihrem eigenen Wahlkreis durchgefallen und sitzt trotzdem drin. Das Ganze nennt sich Verhältniswahlrecht und ist schwerer zu verstehen als das Planfeststellungsverfahren von *Stuttgart 21*.

In Ländern mit Mehrheitswahlrecht ist das wesentlich transparenter. Wer seinen Wahlkreis verliert, ist weg vom Fenster. Natürlich hat das auch Nachteile: Angenommen, drei Kinder wollen immer Verstecken spielen und zwei Kinder immer Fangen. Ist es dann gerecht, immer Verstecken zu spielen? Genau so funktioniert aber das Mehrheitswahlrecht: Die Mehrheit setzt sich durch. Mit Verhältniswahlrecht diskutierten die fünf Kinder den ganzen Tag, ohne überhaupt was zu spielen.

Vielleicht sind wir Deutschen ja deswegen so politikverdrossen. Weil nichts vorangeht! Inzwischen stimmen bei der Europawahl genauso wenige Bundesbürger ab wie beim Finale von *Big Brother*. Vermutlich, weil die Kandidaten ähnlich charismatisch sind.

Demokratie sollte doch aber eigentlich ein Verfahren zur Eindämmung von Macht sein. Wir müssten die Typen abwählen können! Denn mit Politikern verhält es sich so wie mit Windeln: Man sollte sie regelmäßig wechseln. Und zwar aus dem gleichen Grund. Die Redensart «Der klebt an seinem Stuhl» bekommt dann eine ganz konkrete Bedeutung.

Doch insgeheim wissen wir alle: Wählen reduziert sich in Deutschland auf den bloßen Vorgang, den Stimmzettel in eine Pappschachtel zu werfen. «Wahlurne» klingt nicht zufällig nach Krematorium. Deswegen nehmen diejenigen, die sich jedes Mal aufs Neue zur Wahl schleppen, das Ganze auch nicht mehr sonderlich ernst. Bei der letzten Hessenwahl habe ich gehört, wie einer aus der Nachbarkabine gerufen hat: «Sag mal einer STOPP ...!»

Vielleicht brauchen wir ja doch mehr statt weniger Einflussmöglichkeiten. Die Proteste anlässlich *Stuttgart 21* lassen das jedenfalls vermuten. Viele Demonstranten beklagten insbesondere die schlechte Kommunikation der Bauherren und forderten vom Bahn-Konzern mehr Transparenz. Aber wie hätte das Unternehmen besser kommunizieren können? Indem es die Planungsunterlagen in einer DB-Lounge aufgestellt hätte? Oder in Kassel-Wilhelmshöhe statt des mobilen Brezelverkäufers ein rhetorisch geschulter Tiefbauingenieur zugestiegen wäre? Ich bin mir sicher, hätte Sokrates mit Heiner Geißler im Schlichtungsverfahren gesessen, hätte er am Ende verzweifelt gesagt: «Ich weiß, dass ich nichts weiß», und dann freiwillig den Schierlingsbecher runtergekippt.

Demokratische Meinungsbildung wird in unserer komplexen Welt immer anstrengender. In einer aktuellen Umfrage befürwortet eine klare Mehrheit von geschätzten hundertfünf Prozent den baldigen Ausstieg aus der Atomkraft. Das muss man akzeptieren, wir leben schließlich in einer Demokratie. Allerdings boykottiert ebendiese Mehrheit auch den neuen Biosprit, schert sich kein bisschen um Ökostrom und dreht durch, wenn die jährliche Heizkostenabrechnung zwanzig Euro teurer ist. Ein seltsames Völkchen, diese Mehrheit.

Mag demokratische Mitbestimmung auch ihre Schwächen haben, im Gegensatz zu totalitären Gesellschaftsformen ist sie immer noch der verlässlichste Garant für Freiheit. Oder wie Winston Churchill es formulierte: «Demokratie ist die schlechteste Regierungsform, abgesehen von den anderen.»

Die Tatsache, dass der Wille des Volkes in einer freien Wahl zum Ausdruck kommt, bedeutet zwar viel, aber nicht alles. Im Grunde genommen heißt Demokratie lediglich, dass zehn Füchse und ein Hase darüber abstimmen können, was es zum Abendessen gibt. Freiheit dagegen wäre es, wenn der Hase mit einer Schrotflinte die Wahl anfechten könnte.

Wie dem auch sei – *Stuttgart 21* ist wahrscheinlich die erste Großdemonstration, bei der die Teilnehmer den Platz danach selbst sauber machen. Mitbestimmung schön und gut, aber die Kehrwoche muss eingehalten werden!

WENN DIE DEUTSCHE BAHN DIE PYRAMIDEN GEBAUT HÄTTE

CHEOPS 21 ↓

>>>>> NEULICH TRAF ICH IN DER FUSSGÄNGERZONE
AUF EINE GRUPPE VON TIERRECHTLERN. «Warum demonstriert ihr eigentlich immer nur gegen Pelzmäntel, aber nie gegen Lederbekleidung?», wollte ich wissen. – «Weil man ältere Damen risikoloser anpöbeln kann als die *Hells Angels*!», bekam ich zur Antwort.

Für die Umwelt zu protestieren ist wieder «in». Seit einigen Monaten gehen die Menschen wieder regelmäßig mit Kind und Kegel auf die Straße. So wie damals in den Achtzigern, als man an Ostern keine Eier gesucht, sondern damit geworfen hat. Was bewegt diese Demonstranten? Wie ticken sie? Kämpfen sie für Freiheit, oder suchen sie nur Anschluss?

Ich wollte mich mit einem richtigen grünen Aktivisten treffen. Nicht mit irgendeinem Hobbyprotestler, der die Großdemo ausfallen lässt, wenn Schneeregen angesagt ist. Nein, ich wollte einen echten Profi. Einer, der für seine Überzeugungen bei Wind und Wetter vor die Türe geht und wirklich was riskiert. Ich fand ihn in Michael Grolm. Der gelernte Imker ist Mitbegründer der Initiative «Gendreck weg» und «befreit» im Nebenberuf Genmaisfelder – das klingt etwas eleganter als «zerstören». Dafür geht er auch ins Gefängnis, backt im Knast Ökokuchen und verteilt Biohonig an Mithäftlinge.

Michael Grolm ist ein durchaus sympathischer Gesprächspartner. Wir unterhielten uns über die Friedensbewegung, ökologische Landwirtschaft und das Recht auf Meinungs- und Demonstrationsfreiheit. Das meiste, was er dazu sagte, klang vernünftig.

Trotzdem blieb ein komischer Nachgeschmack. Als ich ihn fragte, wie er reagieren würde, wenn wissenschaftlich absolut sicher nachgewiesen werden würde, dass Gentechnik ungefährlich sei, schüttelte er den Kopf: «Das ist viel zu kurz gegriffen. Wie kann die Wissenschaft denn sagen, das sei ungefährlich?

Für mich ist das keine technische, sondern eine philosophische Frage. Man sollte der Natur nicht ins Handwerk pfuschen.»

Eine philosophische Frage? So habe ich das noch nie gesehen. Doch anscheinend ist die Umweltbewegung mehr eine Weltanschauung als eine Bewegung zur Lösung anstehender Probleme. Aber was ist, wenn sich die Umweltbedingungen verändern? Lässt sich eine Weltanschauung genauso schnell über den Haufen werfen wie ein Maiskolben?

....

MAN BRAUCHT, UM FREI ZU SEIN, AUCH IRGENDWO
EINEN HALT, EINEN ANKER, EINEN BODEN.

Michael Grolm

....

Michael Grolm,
Feldbefreier

16

GRÜNER WIRD'S NICHT

1992 ließen sich erstmals sechzigtausend Aktivisten, Bürokraten und Politiker in Kerosin verbrennenden, Treibhausgase ausstoßenden Flugzeugen nach Rio de Janeiro transportieren, um an dem vierzig Millionen Euro teuren Weltgipfel für nachhaltige Entwicklung – auch Erdgipfel genannt – teilzunehmen. Dass der Kongress an der Copacabana stattfand, hatte selbstverständlich rein gar nichts damit zu tun, dass die Frauen dort Badeanzüge tragen, die in einer Streichholzschachtel Platz haben.

Inzwischen reden wir über Nachhaltigkeit genauso wie über Bundesligaergebnisse und Lounge-Musik. Es gibt keinen Brotaufstrich, keinen Immobilienfonds, keine Fußcreme mehr, die nicht irgendwie nachhaltig daherkäme. Es gibt sogar Ökovibratoren, die mit Windenergie gespeist werden. Da bekommt der «Blow-Job» eine ganz neue Bedeutung.

Der Begriff «Nachhaltigkeit» stammt ursprünglich aus der Forstwirtschaft und bezeichnet die Bewirtschaftungsweise eines Waldes, bei welcher immer nur so viel Holz entnommen wird, wie nachwachsen kann. Ein an und für sich sinnvoller Gedanke, den man inzwischen auf alle Rohstoffe übertragen hat. Das Problem dabei: Im Gegensatz zu Holz weigern sich Öl, Erdgas und Kohle beharrlich nachzuwachsen.

Wir alle sind Ende der achtziger Jahre für den Umweltschutz auf die Straße gegangen. Wir haben Krötentunnel gegraben, Pheromonfallen für Borkenkäfer aufgestellt und uns die Weissagung der Cree auf unsere Jeansjacke gebatikt: «Erst wenn der letzte Baum gerodet ...»

Bei den ersten Castor-Transporten habe ich mich sogar demonstrativ an mein Fahrrad gekettet. Drei Wochen lang lief ich damals mit meinem klapprigen Hollandrädchen durch Amorbach. Aber wir mussten schließlich alles tun, um unsere Natur zu erhalten. Okay, nicht unbedingt die Natur in Form von Krätzmilben, Aidsviren oder Hakenwürmern. Eher die in Form von Eisbären, Robben oder Delfinen. Die mussten unbedingt geschützt werden. «Was abber is, wenn so'n Eisbär e Robbe jaacht?», fragte mein Vater. – «Na ja, der meint das ja nicht so ...»

Inzwischen ist die Umweltbewegung ein Massenphänomen. Selbst *Aldi* verkauft Biogemüse. Ökologie als Lebensphilosophie! Dabei ist die Ökologie ja eigentlich eine Wissenschaft. Ein Teilgebiet der Biologie, das sich der Erforschung der Wechselbeziehungen zwischen Organismen untereinander und mit ihrer Umwelt widmet. Mittlerweile hat sie mit Wissenschaft so viel zu tun wie die Jungfrauengeburt mit Gynäkologie. Der Münchener Ökologe Professor Josef H. Reichholf schreibt in seiner Streitschrift *Die falschen Propheten*: «Der Ökologismus hat sich vor einem Dritteljahrhundert der Ökologie bemächtigt und zu einem religionsartigen Lebensmodell entwickelt, das uns in immer stärkerem Maße vorschreibt, was zu tun und zu lassen ist.»

Wir werden gezwungen, Energiesparbirnen und Feinstaubplaketten zu kaufen, müssen unseren Müll in atomare Bestandteile trennen und unsere Wohnung dämmen, damit die Polkappen nicht abschmelzen.

Freiheitseinschränkend war die Ökobewegung schon immer. Vor dreißig Jahren zwangen wir die Politik zum Handeln und machten meinem Onkel Druck, wenn er wieder mal seine alten Winterreifen im Naturschutzgebiet entsorgte. «Scheiß Ökos!», beschwerte er sich damals. Aber selbst ihm war klar, dass sich etwas ändern musste. Damals wurden Abwässer entsorgt, indem man sie in einen Fluss leitete. Altöl wurde in den

Wald gekippt, und das Ruhrgebiet war so luftverschmutzt, dass dort ein Zug aus einer Zigarette die Lungen gereinigt hat.

Das konsequente Engagement der Umweltbewegung hat unseren Blick auf Naturzerstörung und Raubbau sensibilisiert. Den Einschnitt in die persönliche Freiheit hat man dabei gerne in Kauf genommen, um die Zustände zu verbessern. Mit Erfolg. Heute sind unsere Flüsse reiner, ist unsere Luft klarer und unser Wald gesünder denn je.

Und trotzdem fühlen wir uns ständig als Umweltsünder. Wussten Sie, dass in unserer Überflussgesellschaft jedes Baby über fünftausend Windeln verbraucht? Aus ökologischer Sicht hat das Kleine also schon alles falsch gemacht, bevor es «Nachhaltigkeit» überhaupt aussprechen kann. Und im Alter geht das ganze Drama wieder von vorn los.

Um dennoch unser Gewissen zu beruhigen, gehen wir aber nicht nur auf die Straße, sondern überweisen unsere Monatsbeiträge an *Greenpeace*, kassieren Solarsubventionen und heizen unsere hundertzwanzig Quadratmeter große Altbauwohnung mit Ökostrom. Strom, der ganz natürlich und nachhaltig von einem Windrad erzeugt wird. Das schreddert zwar öfter mal einen Storch, aber davon kriegen wir ja nichts mit, während wir in unserer Designerküche mit dem solarbetriebenen Milchaufschäumer den Fair-Trade-Latte-Macchiato quirlen. Höchstens, wenn die Energiesparbirne mal kurz flackert.

Leider ist Ökostrom gar nicht so nachhaltig, wie wir uns das gerne wünschen. Für Wasserkraftwerke werden Stauseen errichtet, die riesige Ökosysteme zerstören, und für Energiesparlampen muss in China hochgiftiges Quecksilber abgebaut werden. Immerhin können sich die Minenarbeiter damit trösten, für einen guten Zweck zu erkranken. Die Produktion von Biokraftstoff, der aus Palmöl, Weizen, Mais oder Zuckerrüben hergestellt wird, führt zu massiven Entwaldungen in Südostasien.

Wenn wir also unseren SUV wieder mal so richtig nachhaltig volltanken, bekommt «Essen auf Rädern» eine neue Bedeutung.

Warum fragt eigentlich keiner: Nachhaltig für wie lange? Für zehn Jahre? Tausend? Vielleicht sogar bis zum Karriereende von Marianne und Michael? Und überhaupt: Nachhaltig für wen? Für eine zukünftige Gesellschaft, deren Bedürfnisse wir gar nicht kennen? Vor hundertfünfzig Jahren war man sich in der Fachwelt einig, das größte Zukunftsproblem in Großstädten werde der Pferdemist sein. Halten Sie mich für verrückt, aber Pferdemist ist derzeit nicht unser größtes Problem. Möglicherweise werden unsere Urenkel ähnlich belustigt reagieren, wenn sie erfahren, dass wir uns Anfang des 21. Jahrhunderts Sorgen über unsere Erdölvorräte gemacht haben. Der Mensch ist innovativ und erfindungsreich. Die Steinzeit ist schließlich auch nicht zu Ende gegangen, weil es plötzlich keine Steine mehr gab.

Doch über den Sinn der Nachhaltigkeit wagt kaum einer nachzudenken. Wir legen uns selbst ein Denkverbot auf und verstricken uns in absurde Regeln, Einschränkungen und Bevormundungen. Ein ganzes Volk wird sinnlos mit leeren Dosen im Kreis herumgeschickt und mit ökologischen Fußabdrücken in den Wahnsinn getrieben. Mein Nachbar möchte demnächst sogar eine Organisation gründen, die das Weltklima stabilisiert. Ein reichlich großer Anspruch für einen Menschen, der noch nicht mal sein Soziologiestudium geschafft hat. «Aber wir müssen doch die Welt retten und endlich weniger CO_2 ausstoßen!», sagt er immer wieder. – «Dann fang bei dir an und hör auf zu atmen!», denke ich mir.

Mittlerweile ist Umweltschutz ein globales Milliardengeschäft geworden. Früher kämpften wir in kratzigen Juteklamotten und Müsli im Zottelbart mit Schlauchbooten gegen eine übermächtige Ölindustrie. Heute kämpft eine millionenschwere Organisation mit Hubschraubern und Fernsehkameras gegen eine Handvoll norwegische Fischerfamilien. Moderne Umweltgurus übernachten in klimaneutralen Fünfsternehotels, tragen Designeranzüge aus gentechnikfreier Biobaumwolle und rahmengenähte Schuhe von totgestreichelten Kobe-Rindern.

Nicht immer haben Menschen, die sich für Umweltschutz einsetzen, nur ethische Interessen. Ich zum Beispiel wollte damals in erster Linie an die Frauen ran: Bei einer Sitzblockade rückt man schon mal näher zusammen.

Können Sie sich noch an den Skandal um die Ölplattform *Brent Spar* erinnern, die im Meer versenkt werden sollte? *Greenpeace* behauptete damals, dass der Öltank fünftausendfünfhundert Tonnen Öl sowie größere Mengen Schwermetalle enthalte, die bei einer Versenkung das Meer hochgradig belasten würden. Diese Angaben waren aus der Luft gegriffen, und die Umweltorganisation entschuldigte sich später dafür. Aber es passte eben so schön ins Bild! Das war auch Shell klar. Da man wusste, dass die Öffentlichkeit nicht der Aussage eines Ölkonzerns Glauben schenken würde, entschloss man sich zu einem Schuldeingeständnis und entsorgte das Ding – ganz nach dem Willen der Umweltschützer – für sechzig Millionen Euro an Land. Hätte man es stattdessen im Nordatlantik versenkt, wäre es sehr schnell zu einem Lebensraum für Meerestiere geworden. Salopp gesagt hat *Greenpeace* den Shell-Konzern gezwungen, sechzig Millionen Euro für die Zerstörung eines seltenen Korallenriffs auszugeben.

Trotzdem zweifeln wir kaum an der grundsätzlichen Redlichkeit der Ökobewegung. Obwohl wir keinem Großkonzern über den Weg trauen, glauben wir ohne irgendeinen Einwand alles, sofern es nur von *Robin Wood, Friends of the Earth* oder dem

BUND Naturschutz kommt. Ich bin mir sicher, wenn die morgen verkünden würden: « Die Erde ist eine Scheibe! », würden wir nicht mehr zur Arbeit fahren, aus Angst, hinter der Stadtgrenze über die Kante zu rutschen.

Natürlich sind nicht alle Maßnahmen von Ökoverbänden effekthascherisch, kommerziell oder ineffektiv. Und natürlich können selbst die sinnvollsten Umweltschutzprogramme versagen. Das allein ist noch keine Schande. Im Leben versagen viele Dinge, wie jeder weiß, der über vierzig ist und Körperteile hat.

Vielleicht sollte die Ökobewegung nicht immer nur an das gute Gewissen appellieren, sondern die Problematik unter marktwirtschaftlichen Gesichtspunkten betrachten. Seit das Unternehmen *Iglo* erkannte, dass es langfristig unrentabel ist, die Ozeane leerzufischen, engagiert sich der Konzern für einen verantwortungsvollen Fischfang. Trägt man also automatisch zum Schutz der Meere bei, wenn man Fischstäbchen isst? « Logisch », sagt mein Onkel, « weil da ja gar kein Fisch drin ist! »

Ich gebe zu, meine Einstellung zur Ökobewegung hat sich ziemlich verändert, und ich lasse mich inzwischen immer weniger durch die grüne Bewegung bevormunden. In meinem Keller horte ich kistenweise 100-Watt-Glühbirnen, und mein Fernseher läuft an Feiertagen knallhart auf Standby. Neulich habe ich sogar heimlich eine Pfandflasche in den Altglascontainer geworfen. Bei meinen alten Mitstreitern aus der Ökobewegung habe ich immer mehr den Verdacht, es ist ihnen wichtiger, dass Umweltprobleme böse sind, als dass sie reduziert werden. Wer sich Sorgen macht, macht sich wichtig. Gehen Sie die Straße pfeifend entlang, und die Menschen werden Sie einen bekloppten Irren nennen. Beugen Sie sich aber in der U-Bahn zu einem glücklichen Menschen und sagen: « Wie können Sie es wagen, zu lächeln, während der Pandabär ausstirbt? », gelten Sie als verantwortungsvoller, kritischer Mensch.

VIELLEICHT IST DAS BEHARREN AUF EINER BE-
STIMMTEN MEINUNG JA AUCH EINE TYPISCH
MÄNNLICHE EIGENSCHAFT. «Männer müssen immer die
Winner sein. Da kann die größte Katastrophe passieren, es wird
immer so frisiert, als sei es etwas ganz Tolles. Das ist unglaub-
lich. Unglaublich!» Die Person, die so etwas behauptet, ist die
Biologin Christiane Nüsslein-Volhard.

Sie ist der Meinung, Frauen sollten sich nicht mit der drecki-
gen Küche aufhalten, sondern sich direkt mit den Fruchtfliegen
beschäftigen. Mit denen kennt sie sich aus. Für ihre bahnbre-
chenden Studien zur Genetik bei *Drosophila melanogaster* hat
sie als erste deutsche Naturwissenschaftlerin 1995 den Nobelpreis im Fachbereich Medizin bekommen. Ich hätte gerne gewusst, wie es in ihrer eigenen Küche aussieht. Vor allem, wenn
sie sich Arbeit mit nach Hause genommen hat. Christiane
Nüsslein-Volhard wollte mich allerdings lieber in ihrem Büro
treffen. Da ist sie auch häufiger.

Das Max-Planck-Institut für Entwicklungsbiologie ist ein
schicker, moderner Bau über den Hügeln von Tübingen. Hat
mehr von einem guten Hotel als von einem Labor. Oder anders
gesagt: Ich übernachtete während meiner Tour schon in Hotels,
die bedeutend mehr nach Labor aussahen.

Wann spürte sie zum ersten Mal den Freiheitsdrang? «Da
war ich wohl sieben oder acht, und es war ein Märztag, so ein
richtig schöner Frühlingstag. Bin den ganzen Tag mit dem Tret-
roller allein bei diesem wunderbaren Wetter auf dem Sachsen-
häuser Berg rumgefahren. Alleine. Keiner wusste, wo ich war.
Fand ich toll. Fand ich einfach toll. War einer der schönsten
Tage meines Lebens.»

Eigentlich wollte ich mit ihr über Forschungsfreiheit und die
Gestaltbildung von Fliegenembryonen sprechen. Doch dann
erzählte sie mir, wie sie vor dreißig Jahren als eine der ersten

weiblichen Direktoren eines Max-Planck-Institutes anfing, wie sich das Frauenbild seitdem geändert hat und dass Schönsein manchmal mehr bringt als Klugsein. Bisweilen ist beides nötig: «Wenn Sie eine Führungsposition haben, müssen Sie tipptopp aussehen. Die arme Frau Merkel muss jeden Morgen vor den Spiegel und da irgendwelche Sachen tun, die sie nie veranstalten würde, wenn sie Physikerin wäre. Nie!»

Wie frei sind Frauen heutzutage? Könnten sie noch freier sein? Und was hat die Pharmaindustrie damit zu tun?

....

FREIHEIT HEISST JA AUCH, DASS MAN DAUERND SELBST SAGEN MUSS, WO ES LANGGEHT.

Dr. Christiane Nüsslein-Volhard

....

Dr. Christiane Nüsslein-Volhard, Nobelpreisträgerin

17

SIND SACKGASSEN FRAUENVERACHTEND?

Haben Sie auch so verzaubert vor dem Fernseher gesessen, als Prinz William in einer Märchenhochzeit seine Kate geheiratet hat? Kate Middleton – schon jetzt eine Ikone aller modernen, jungen Frauen. Nach einem Elitestudium pfiff sie auf einen stressigen Job in der freien Wirtschaft und wartete stattdessen acht Jahre lang, bis sie von einem jungen Mann erhört wurde, der unter der Knute seiner Großmutter steht und von staatlicher Fürsorge lebt. Kates berufliche Tätigkeit besteht ab sofort darin, Champagnerflaschen gegen Schiffe zu werfen, Söhne zu gebären und in Designerkostümchen an der Seite ihres Mannes hübsch auszusehen. Irgendwie war das mit der Emanzipation doch anders gedacht. Da kämpft Alice Schwarzer jahrzehntelang gegen Chauvinismus und verkrustete Frauenbilder, und Kate macht das alles an einem einzigen Tag zunichte. Obwohl, nicht ganz. Deutschland hat eine Bundeskanzlerin, einen fast weiblichen Außenminister und eine Familienministerin, die während ihrer Amtszeit zur Freude des Volkes schwanger wurde. Zweifellos das Produktivste, was die Regierung in dieser Legislaturperiode zustande gebracht hat.

Wir haben Antidiskriminierungsgesetze, Frauentage, Quotenregelungen und unzählige staatliche Förderprogramme für das weibliche Geschlecht. In Berlin existiert sogar ein Senatsbeschluss, dem zufolge neue Straßen nur nach weiblichen Personen benannt werden dürfen, damit sich Frauen nicht diskriminiert fühlen. Ob das wohl auch für Sackgassen gilt?

Jahrhundertelang wurden Frauen als Menschen zweiter Klasse angesehen und hatten lediglich die Freiheit, zu entscheiden, ob es Fisch oder Fleisch zum Mittagessen gibt. Mein Opa verstand unter Gleichberechtigung das Recht, eine Freundin zu haben, weil seine Frau ja auch eine hat. Frauen hatten deutlich weniger Rechte als Männer und waren gefangen in dem ihnen zugedachten Rollenbild. Als meine Mutter meinen Vater heiratete, bestand ihre größte Freiheit darin, dass sie Hosen tragen durfte.

Doch dann ging's Schlag auf Schlag. 1957 wurde die Frau dem Mann in der Ehe rechtlich gleichgestellt, seit 1977 darf sie ohne Einverständnis des Ehemannes erwerbstätig werden, seit zehn Jahren selbst in der Bundeswehr. Inzwischen kann eine Frau sogar heiraten, wenn ihr zukünftiger Mann eine Frau ist.

Den wahrscheinlich größten Beitrag zur Emanzipation der Frau haben wir jedoch nicht der Politik oder Alice Schwarzer zu verdanken, sondern der Pharmaforschung: Die Erfindung der Antibabypille hat die gesellschaftliche Befreiung der Frau enorm beschleunigt. Vorher war Verhütung extrem unsicher. Meine Oma hat noch die Temperaturmethode praktiziert. Wenn's im Schlafzimmer unter siebzehn Grad war, lief gar nichts. Bei achtzehn Grad wurde sie mit siebzehn schwanger, musste heiraten und ihren unkonventionellen Traum, ihr eigenes Geld zu verdienen, begraben.

Die Pille hat alles verändert. Am 18. August 1960 brachte sie der amerikanische Pharmakonzern Searle auf den Markt, kein Jahr später zog die Schering AG in Deutschland mit einem Konkurrenzprodukt nach. Das britische Wirtschaftsmagazin *The Economist* konstatiert, die Antibabypille habe das zwanzigste Jahrhundert entscheidend geprägt. Mehr noch als die Teflonpfanne. Dank dieser Erfindungen muss man heute nichts mehr anbrennen lassen.

Die neue Verhütungsmethode veränderte nicht nur die Art

und Weise der Familienplanung, sondern gab zum ersten Mal in der Geschichte den Frauen die Freiheit, über die eigene Zukunft entscheiden zu können. Innerhalb kürzester Zeit wurde die Pille von fast der Hälfte aller verheirateten Frauen unter dreißig Jahren benutzt. Mit weitreichenden Folgen für alle anderen Bereiche der Gesellschaft. Plötzlich schnellte die Zahl der Studentinnen spektakulär in die Höhe, da die Frauen wussten, dass sie ihre Ausbildung abschließen und sich beruflich etablieren konnten, ohne heiraten oder wie eine Nonne leben zu müssen.

Ein Aspekt, der für uns Männer noch nie Toppriorität hatte. Während eine Frau für ein Baby ganze neun Monate braucht, ist der Mann in der Regel nach knapp neun Minuten fertig. Und vor Erfindung der Blutanalyse konnte er sogar noch locker behaupten: «Ich war's nicht!» Angeblich arbeitet zurzeit ein großer Pharmakonzern fieberhaft an der «Pille danach» für den Mann. Sie soll die Blutgruppe ändern.

Da die Antibabypille offensichtlich bildungsfördernd ist, müssten die Frauen eigentlich steuerliche Vorteile davon haben. «Haben sie auch», erklärte mir mein Steuerberater auf meine Nachfrage hin. «Aber nur, wenn sie vergessen, sie zu nehmen.»

Auch der Spaß kam damals nicht zu kurz. «Wer zweimal mit demselben pennt, gehört schon zum Establishment», hieß es bei den Achtundsechzigern. Die Pille löste nicht nur eine gesellschaftliche, sondern auch eine sexuelle Revolution aus. Die männlich dominierte Gesellschaft registrierte vollkommen überrascht, dass Frauen Wesen mit sexuellen Bedürfnissen sind. Und seit sie keine Angst mehr haben mussten, schwanger zu werden, mussten sie auch nicht den erstbesten Schürzenjäger heiraten. Das hat vieles verändert. Nicht nur zwischen den Beinen, sondern auch im Kopf. Wenn die Frau früher vor der Ehe eine einzige Affäre hatte, galt sie als Flittchen, heute gilt sie fast schon als verklemmt. Immerhin konnte sie damals die spießige Gesellschaft oder die Kirche für ihre Misere verantwortlich machen. Wer heute keinen Sex vor der Ehe hat, muss sich eingestehen: «Vielleicht liegt's ja auch an mir ...»

Die neu gewonnene Freiheit birgt offensichtlich auch Probleme. Denn wenn plötzlich alles möglich ist, steigt nicht unbedingt nur der Spaß, sondern auch der Stress.

Schauen Sie sich nur *Sex and the City* an. In Wirklichkeit ist das geheime Thema der Serie nicht die sexuelle Befreiung der Frau, sondern der unglaubliche Frust, sich nicht festlegen zu können. Oder zu wollen. Inzwischen gibt es *Sex and the City* sogar in einer deutschen Version – für Männer: *Bauer sucht Frau*.

Meine Cousine Gabi, ein wirklich heißer Feger, kostete jahrelang ihre Freiheit in vollen Zügen aus. Und nicht nur da, sondern auch in Autos, Flugzeugtoiletten und – völlig crazy – sogar im Bett. Vom Fliesenleger bis zum Germanistikprofessor!

Inzwischen ist sie vierzig und völlig entnervt, weil sie endlich etwas Dauerhaftes will. Letzten Monat hat sie sich bei *Parship* angemeldet und klärt vor einem Date exakt dieselben Eigenschaften ab, die ein Heiratsvermittler vor zweihundert Jahren auch abgeklärt hätte. Das bedeutet also moderne gesellschaftliche Freiheit: Ein Computerprogramm sagt uns, wer zu uns passt.

Ökonomen untersuchten die Erfolgsraten beim Online-Dating und stellten fest: Es erhielten diejenigen Männer besonders viele Antworten, die ein hohes Einkommen und einen hohen sozialen Status angaben. Britische Forscher wollen sogar herausgefunden haben, dass die Orgasmushäufigkeit bei Frauen mit dem Einkommen ihres Partners ansteigt. Thomas Pollet von der Newcastle University glaubt, es handle sich dabei um ein Evolutionsphänomen, das Frauen bei der Auswahl ihres Partners helfe. Vielleicht aber sind teure Vibratoren auch einfach besser.

In praktisch jedem Land der Welt beurteilen Frauen die Männer nach ihrem Status. Paradoxerweise tun das sogar Damen, die es nicht mal nötig hätten. Selbst Topmanagerinnen legen bei einem potenziellen Partner Wert darauf, dass er finanziell besser dasteht als sie selbst. Frauen, die versorgt sind, suchen trotzdem den Versorger. Freiwillig!

Männer dagegen reagieren auf Geld und Status einer potenziellen Partnerin genau umgekehrt. Ein weiblicher Doktortitel ist in der Welt des Online-Datings etwa genauso viel wert wie zwanzig Kilo Übergewicht.

Nach wie vor lautet der Deal zwischen Mann und Frau: Status gegen Schönheit. Oder wie es in dem Lied *Summertime* heißt: «Your daddy's rich and your mamma's good looking» – und nicht umgekehrt. Oder wie oft haben Sie von einem sechsundzwanzigjährigen Mitglied der Chippendales gehört, der eine fünfundsiebzigjährige Millionärin heiratet?

Offenbar tun sich fünfzig Jahre Freiheit gegen fünfhunderttausend Jahre Evolution ziemlich schwer. Deswegen machen sich Frauen in puncto Schönheit auch so einen Stress. Meine Cousine Gabi hat neulich eine Diät gemacht, in der eine Scheibe Gurke als vollständige Mahlzeit angesehen wurde. Was insofern sehr absurd ist, als die Gurke zu neunundneunzig Prozent aus Wasser besteht und damit eigentlich ein Getränk ist. Es gibt Fruchtsäfte, die einen geringeren Wasseranteil haben als Gurken! Woraufhin Gabi sichtlich verstört fragte: «Darf ich dann zur Gurke eigentlich etwas essen, oder muss ich zum Saft etwas trinken?» Über so etwas machen sich Frauen Gedanken! Weil sie schön sein wollen.

Schauen Sie nur in die Politik: Carla Bruni, Minu Barati-Fischer oder die Neue von Franz Müntefering: Die Frauen bieten

Jugendlichkeit und bekommen dafür Designerkleider. Im Gegenzug müssen sie bei ihren Männern Denkmalspflege betreiben. Nach dem Champagner wird der Betablocker gereicht.

Denn jede erfolgreiche männliche Laufbahn fordert gnadenlos ihren Tribut. Es ist eben wesentlich leichter, sich einen Körper wie Mister Universum anzutrainieren, als die Ochsentour einer Karriere zu bewältigen. Nicht selten schaut das Alphamännchen am Ende in die Röhre. Meist ins CT – nach dem Hirnschlag.

Vielleicht sind Frauen in diesem Punkt einfach schlauer, und es liegt gar nicht an der Diskriminierung, dass es hierzulande immer noch so wenige weibliche Topmanager gibt. Wirtschaftsforscher der Universität Erlangen-Nürnberg untersuchten einen großen Datensatz des Instituts für Arbeitsmarkt- und Berufsforschung und kamen zu dem Schluss, Frauen seien auch deswegen weniger in Führungspositionen zu finden, weil sie die Entscheidung darüber, was und für wen sie arbeiten, viel weniger vom Gehalt und der Position abhängig machen als Männer. Der Hauptanreiz der Frauen ist die inhaltliche Aufgabe, nicht das Gerangel um den dicksten Firmenwagen und die unverständlichste Berufsbezeichnung auf der Visitenkarte.

Eine clevere Einstellung, die unter anderem mit einem sechs Jahre längeren und gesünderen Leben belohnt wird. Und das gilt nicht nur für unsere Spezies. Bei fast allen Säugetierarten sind die Männchen stärker von Parasiten befallen als die Weibchen. Dazu gibt es zwei Theorien. Die erste besagt, Männchen benötigten stolze Geweihe oder protzige Muskelpanzer, um den Weibchen zu imponieren. Und die dazu verwendete Energie geht unglücklicherweise auf Kosten der gesundheitlichen Fitness. Die zweite Theorie besagt: Die Männchen sind ungepflegte Dreckschweine.

Nichtsdestotrotz glauben viele bis zum heutigen Tag, der

hohe Männeranteil im Topmanagement läge darin begründet, dass Männer eben von Natur aus geeigneter dafür seien. Das ist natürlich Unsinn. Meine Oma sagte einmal zu mir: «Dein Opa hat nicht deswegen Karriere gemacht, weil er sich besonders gut anstellte, sondern weil er zu Hause noch weniger hingekriegt hätte ...»

In den letzten hundert Jahren hat sich viel getan. Frauenwahlrecht, Zugang zu Bildung, Gleichberechtigung in Beruf und Partnerschaft und durch die Pille auch die Gleichberechtigung im Bett. Trotzdem sind wir – egal ob Mann oder Frau – noch immer gefangen in traditionellen Rollenbildern. «Eine Nichte von mir hat ein Mädchen adoptiert. Der erste Kommentar war: ‹Gott sei Dank, sie ist hübsch!› Hübsch zu sein ist für ein Mädchen viel wichtiger, als intelligent zu sein.» Diesen Satz sagte nicht meine Oma vor fünfzig Jahren, sondern die Nobelpreisträgerin Christiane Nüsslein-Volhard vor ein paar Wochen – im Jahr 2011.

Die gesellschaftliche Befreiung der Frau ist noch lange nicht vollständig erreicht. Einige Feministinnen behaupten, die Gleichstellung zwischen den Geschlechtern wird erst dann vollendet sein, wenn Frauen heimlich vor der Männerumkleide herumhängen, um den Kerlen beim Umziehen zuzusehen.

VON WEGEN BEWEGUNGSFREIHEIT

»»»» «EINER SCHÖNEN FRAU INS GESICHT ZU GU-
CKEN IST DAS BESTE, WAS ES GIBT. Auch wenn
es viele Probleme macht. Wenn man überdurchschnittlich gut
aussehende Frauen um sich herum hat, hat man nur Stress.»
Der Mann, der das sagt, muss es wissen. Dr. Gerhard Sattler
ist einer der bekanntesten Schönheitschirurgen der Republik.
Zum Zeitpunkt unseres Gespräches ist er selbst ein wenig an-
geschlagen. «Ich hab mir den Fuß gebrochen. Beim Golfen
ist mir ein Caddy drübergefahren. Wollen Sie ein Gläschen
Champagner?» Innerhalb von nur einer Minute erfüllt er
praktisch alle Klischees, die man von einem Promi-Arzt erwartet. So saßen wir in der Küche seines Bungalows, tranken
Veuve Clicquot und redeten über Fettabsaugung, Schönheits-
ideale und Facelifting. Instinktiv zog ich meinen Bauch ein und
fragte so beiläufig wie möglich: «Und, was würden Sie bei mir
machen?» – «Erst mal gar nichts», antwortete er und klang
so, als meinte er es tatsächlich ernst. Andererseits, ein Mann
muss ja auch nicht schön sein ...

Richtig spannend wurde es, als Sattler von den kulturellen
Unterschieden in der Schönheitschirurgie erzählte. In Amerika,
dem Land der unbegrenzten Möglichkeiten, darf's auch gerne
ein bisschen mehr Oberweite sein. Bei uns gilt bei Schönheits-
OPs die Tendenz: so unauffällig wie möglich! Das ist der Unterschied zwischen Las Vegas und Darmstadt.

Dr. Sattler weiß, wovon er spricht. Er lebte lange in den USA
und kennt die dortige Mentalität. «In Amerika wird ein neues
Auto VOR der Garage geparkt, und der Nachbar ist stolz, dass
er einen starken Nachbarn hat. Der freut sich noch für ihn:
‹Boah, geile Karre.› In Deutschland wird alles verrammelt,
weil Neid allgegenwärtig ist. Derjenige, der nicht genug zu tun
hat, guckt rüber und sagt: ‹Der hat ja schon wieder ein neues
Auto.›»

Ist das typisch deutsch? Na ja, vielleicht ein bisschen. Aber wir haben eben auch eine andere Geschichte als die Amerikaner. Die USA – eine stolze Nation, die von Optimismus und Zuversicht geprägt ist: Du kannst alles schaffen! Vom Tellerwäscher zum Geschirrspüler.

Uns Deutschen dagegen stecken die preußischen Tugenden in den Knochen. So schlecht sind die allerdings auch nicht. Mit ihrer Hilfe haben findige Ingenieure immerhin die Spaßbremse entwickelt.

....

FREIHEIT BEDEUTET FÜR MICH,
DEN FRIEDEN IN MIR ZU FINDEN.

Dr. Gerhard Sattler

....

Dr. Gerhard Sattler,
Schönheitschirurg

... IST DES GLÜCKES
DOSENPFAND

18

Letztes Wochenende heiratete Klaus, mein alter Studienkollege, Elena aus Griechenland. Es war ein rauschendes Fest. Elenas gesamte Verwandtschaft reiste an und feierte im Vereinsheim von Klaus' Taubenzüchterverband. Mit Ouzo, Tsatsiki und Poseidon-Platten bis zum Abwinken. Halb Peloponnes tanzte Sirtaki quer durch die Vorgärten. Zwei Mal riefen die Anwohner die Polizei. «Typisch deutsche Spießer», dachte ich mir, als ich auf dem Nachhauseweg nachts um halb vier in einem verkehrsberuhigten Bereich minutenlang darauf wartete, dass die Ampel auf Grün sprang. Natürlich stocknüchtern und angeschnallt, falls tatsächlich mal ein Ruck durch Deutschland gehen sollte.

Einer Umfrage von *Spiegel online* zufolge stehen wir Deutschen für Pünktlichkeit, Zuverlässigkeit und Ordentlichkeit. Schwangerschaften sind auf genau 8,92 Monate veranschlagt, und jede deutsche Frau bekommt exakt 1,3 Kinder. Wir sind Marktführer in Präzisionsgeräten, Maschinenbau und Feinmechanik. Einzig bei der Zugspitze wurde ein wenig geschlampt. Nach Plänen von Karl dem Großen wurde sie auf genau dreitausend Meter konzipiert, geriet aber aufgrund eines blöden Zahlendrehers achtunddreißig Meter zu niedrig.

Während Elenas Landsleute absurde EU-Verordnungen fein säuberlich abheften, um sie dann in den Müllschlucker zu werfen, werden sie bei uns rigoros befolgt. Wir führen Umweltzonen ein, betonieren das Land mit Lärmschutzwänden zu und diskutieren über Ernährungsampeln.

Wenn die Regierung so weitermacht, gibt es bald keinen legitimen Grund mehr zu sterben. Wer ablebt, muss irgendetwas falsch gemacht haben.

«Wieso seid ihr Deutschen eigentlich so versessen auf Ordnung und Disziplin? Was ist mit eurer Freiheit?», fragte Elena kürzlich. Gute Frage. Tatsächlich hat bei uns der liberale Grundgedanke keine besonders große Tradition. Freiheit ist nicht so wichtig, Hauptsache, der Müll ist ordentlich getrennt. Zum völligen Entsetzen von Elena schneidet Klaus sogar alte Tetrapaks auf und stellt sie in den Geschirrspüler, bevor er sie in die Wertstofftonne wirft. «Mein Mann wäscht seinen Müll!», gestand sie mir neulich fassungslos.

Es kann kein Zufall sein, dass sich «Dosenpfand» auf «Vaterland» reimt. Kommt ja sogar in unserer Hymne vor: «... ist des Glückes Unterpfaaand!»

Vielleicht liegt's ja an unserer Geschichte. Deutschland war jahrhundertelang ein sehr instabiles Gebiet aus vielen Kleinstaaten. Das Land war an mehreren Grenzen offen, verwundbar und nie abschließend definiert. Und wer fast ein Jahrtausend lang keine sicheren Grenzen hat, macht eben nicht Freiheit, sondern Sicherheit und die bekannten preußischen Tugenden Gehorsam, Pflichtbewusstsein und Unterordnung zu seinen Leitprinzipien. Daher sind wir so versessen auf Richtlinien und Paragraphen. «Was halten Sie vom Gravitationsgesetz?» – «Auf jeden Fall beibehalten!» Alles ist penibel geregelt. In einer Informationsbroschüre des Lehrerverbandes Hessen las ich einmal: «Besteht ein Personalrat aus einer Person, erübrigt sich die Trennung nach Geschlechtern.»

Der einzige Ort, an dem wir Freiheit und Risiko lieben, ist die Autobahn. Feinstaub, Elektrosmog und Dioxin sind die Pest, aber ein Tempolimit von hundertdreißig kommt natürlich nicht in die Tüte. Schließlich ist es ein Grundrecht eines jeden Deutschen, den Familienausflug im Opel Zafira mit der Geschwindigkeit einer Mittelstreckenwaffe zu absolvieren.

Nur ein einziges Mal wehte in den letzten Jahrzehnten ein Geist von Freiheit und Leichtigkeit durch das Land: 1990, im glücklichen Rausch des Mauerfalls, bezeichneten in einer Allensbach-Umfrage fast zwei Drittel der Deutschen «Freiheit» als das wichtigste Gut. Keine fünfzehn Jahre später allerdings hielten wieder fast die Hälfte der Bundesbürger «Gleichheit» für relevanter.

Nichts fürchten wir Deutschen mehr, als jemanden zu diskriminieren. Doch allein das Wort «Antidiskriminierungsgesetz» ist schon ziemlich heikel, denn es enthält fünfmal den Buchstaben «i». Eine unglaubliche Benachteiligung der anderen Vokale.

Auf gar keinen Fall dürfen in Deutschland Muslime, Arbeitslose, Umweltschützer oder Dalai-Lamas diskriminiert werden. Bei Topmanagern, US-Amerikanern oder Rauchern sieht man die Sache nicht ganz so eng. Rauchende Umweltschützer aus den USA oder arbeitslose muslimische Topmanager sind da schon kniffligere Fälle.

Aufgrund unserer unrühmlichen Vergangenheit haben wir ständig das Gefühl, etwas falsch zu machen. Wir erfanden die Rentenversicherung, die Pendlerpauschale und den Käseigel, doch die bedeutendste deutsche Erfindung ist das schlechte Gewissen. Ich glaube, der Spülstopp wurde nur entwickelt, weil wir befürchteten, andernfalls verdursten in Eritrea Menschen.

Aber von deutschem Boden darf eben nie wieder Leid ausgehen. Diesen Satz höre ich seit dem Kindergarten, als ich meinem türkischen Kumpel Mustafa einen vor den Latz geknallt habe. Die Angst, sich nicht korrekt zu verhalten, steckt uns in den Knochen. Neben dem schlechten Gewissen und dem Gleichgewussthaben zeichnen wir uns vor allem durch das Erkennen eines halbleeren Glases aus. «So richtig gut geht's euch eigentlich nur, wenn die Apokalypse in der Luft liegt», sagt auch Elena.

Ständig leben wir in dem Gefühl, wir stünden am Abgrund: Erst Waldsterben, dann Ozonloch, BSE und Vogelgrippe, später brachen Kinderlosigkeit und Finanzkrise über uns herein. Eine Einstellung, die auf der ganzen Welt als «German angst» bekannt ist. Deshalb muss man bei der Eröffnung einer Imbissbude behördliche Auflagen erfüllen, als wolle man eine Wiederaufbereitungsanlage in Betrieb nehmen. «Ich will doch aber nur Pommes und Currywurst verkaufen, kein Plutonium!» Das faultierartige Wesen im Gewerbeaufsichtsamt schüttelt nur müde den Kopf und sagt: «Bei vielen Imbissen kommt das toxikologisch aufs Gleiche heraus ...»

Als im März 2011 Japan von einem verheerenden Erdbeben heimgesucht wurde, hielt die ganze Welt den Atem an. Elena betete für die unzähligen Tsunamiopfer und schickte Carepakete. Klaus dagegen kaufte in den Apotheken im Umkreis sämtliche Jodtablettenvorräte auf und ersteigerte bei Ebay drei Geigerzähler.

Nirgendwo in der Welt waren die Reaktionen auf Fukushima hysterischer als bei uns. Viele meiner Bekannten gaben zu bedenken, dass die Gefahr eines Tsunamis auch in Deutschland nicht zu unterschätzen sei. Man stelle sich nur vor, Reiner Calmund spränge aus großer Höhe in den Bodensee.

«Wir sind die bestversorgte, aber zugleich ängstlichste Gesellschaft, die je existierte», glaubt der Philosoph Peter Sloterdijk. – «Ein Vollkaskovolk von Sudoku spielenden Rentenversicherungsanwärtern», legt *Focus*-Chef Wolfram Weimer nach.

All diese Ängste schränken unser Denken ein und nehmen uns dadurch eine Menge Freiheit. Wir sind ein übervorsichtiges Volk, das eher die Risiken als die Chancen sieht. Wir suchen lieber die Harmonie als die Konfrontation. Deutlich zu sehen ist das am Humor. Während der typisch deutsche Humor mit Heinz Erhardt, Otto Waalkes oder Dieter Hildebrandt entweder gemütlich oder moralisierend daherkommt, ist zum Beispiel der englische wesentlich bösartiger, brutaler und absurder: Ricky Gervais, Mr. Bean oder Sascha Baron Cohen – ein Jude, der mit Borat eine antisemitische, rassistische Figur spielt.

Letztes Jahr besuchte ich in London einen englischen Freund. Nach einer Kneipentour trafen wir nachts auf eine Gruppe besoffener Neonazis, die uns laut grölend mit «Heil Hitler!» grüßten. Mein Kumpel schaute auf ihre Glatzen und sagte dann zu mir: «Hoffentlich überleben die die Chemotherapie nicht ...»

Der einzige englische Komiker, der eher harmlos auftritt, ist Prinz Charles. Eine königliche Hoheit, die mit Blumen redet, ist in Großbritannien vollkommen normal. Seine Frau Camilla sagt dazu lediglich: «Mag sein, dass die Blumen zu ihm sprechen, aber viel zu sagen haben sie ihm nicht ...»

Trotz unserer politischen Korrektheit, unseres Obrigkeitsglaubens und unseres Hangs, sinnlos vor roten Ampeln stehen zu bleiben, bin ich ein großer Deutschland-Fan. Wir haben Schwurgerichte, Meinungsfreiheit und im Gegensatz zu Griechenland sogar eine funktionierende Wirtschaft. Im Jahresreport der Studie *Economic Freedom of the World 2010* erreicht die Bundesrepublik 7,46 von zehn möglichen Punkten und liegt im Freiheits-Ranking von 141 untersuchten Ländern auf Platz 24. So schlecht ist das gar nicht.

Auch im Ausland kommen wir Deutschen ziemlich gut an. Wir gelten als tolerant, uneitel und weltoffen. Nach einer aktuellen BBC-Studie sind wir die beliebteste Industrienation der Welt. Vielleicht, weil wir alles, was nichts mit uns zu tun hat, so super finden. Klaus regt sich auf, wenn die Deutsche Bahn zehn Minuten Verspätung hat, aber rollt verzückt mit den Augen, wenn er in Elenas Heimatdorf drei Stunden auf den Bus warten muss. «Diese Griechen sind ja so locker! Bei denen hat Zeit noch einen gaaanz anderen Stellenwert.»

Vor siebzig Jahren wollten wir die Welt zerstören. Heute sind wir der Meinung, wir müssten sie auf Teufel komm raus umarmen. Aus dem diffusen Gefühl heraus, immer noch schuldig zu sein, wollen wir von den Guten die Allerbesten sein. Und das geht scheinbar nur mit einem «Oben-ohne-Verbot» für Bauarbeiter. Oder einer Gurken-Krümmungs-Verordnung. Zehn Millimeter auf zehn Zentimeter – so viel Spielraum lassen wir der Freiheit!

Und auch wenn wir mit den Jahren etwas selbstbewusster geworden sind, stolpern wir immer noch mit leicht gebeugtem Rücken durch die Weltpolitik. Obwohl wir am 9. November 1989 mit einer beispiellos friedlichen Revolution Geschichte schrieben, trauten wir uns nicht, an diesem Datum den Tag der Deutschen Einheit zu feiern, weil einundfünfzig Jahre zuvor die Reichspogromnacht stattfand. Aber wäre nicht gerade die Überwindung dieser unfreien Zeit ein Grund für ein bisschen Nationalstolz gewesen? Doch außer bei der Fußball-Weltmeisterschaft hat das Schwenken einer Deutschlandfahne noch immer einen bitteren Beigeschmack.

Neulich parkte ich in Frankfurt an der Oder neben einem fetten BMW, auf dessen Heckscheibe ein großer Aufkleber prangte: «Ich bin stolz, ein Deutscher zu sein!» Als ich drei Stunden später wieder zurückkam, war der BMW weg und auf dem Parkplatz lag ein Zettel: «... und ich bin stolz, ein Pole zu sein.»

*Prof. Dr. Ulrike Ackermann,
Freiheitsforscherin*

>>> AUF MEINEN NÄCHSTEN TERMIN FREUE ICH MICH GANZ BESONDERS. Gleich spreche ich nämlich mit der einzigen Professorin für Freiheitsforschung. Ulrike Ackermann lehrt an der privaten SRH-Hochschule in Heidelberg und gründete das John Stuart Mill Institut. Als Treffpunkt schlug sie eine der letzten Bastionen der Freiheit vor: ein Frankfurter Restaurant, in dem man noch rauchen darf. Völlig verrückt! Sie erinnern sich, es gab mal eine Zeit, da war das in unserem Land legal. Aber das ist lange her.

«John Stuart Mill hat 1859 in seiner berühmten Schrift *On Liberty* erstmals die Freiheit propagiert, seinen eigenen, persönlichen Lebensplan zu entwerfen, indem er Kategorien einführte wie ‹Freiheit des Geschmacks› oder ‹Freiheit der Gefühle›. Ein Freiheitsbegriff, der bis dato noch vollkommen unbekannt war», erklärt mir die Freiheitsforscherin.

Liberalismus als Lebensgefühl – stellen Sie sich nur vor, die FDP kommt da irgendwann mal drauf! Vielleicht sollten die mal ein Blockseminar bei Frau Ackermann besuchen. Kann man bestimmt steuerlich absetzen.

Ihren Studenten jedenfalls versucht sie zu vermitteln, dass Freiheit nichts Abstraktes ist: «Wenn man *Facebook* aufruft und von Zuckerberg begrüßt wird mit ‹Du dienst jetzt der Gemeinschaft› – was heißt das eigentlich? Plötzlich realisieren meine Studenten, dass sich durch die Kommunikation in den Networks ihre Sprache verändert. Dass sie sich nicht mehr auf ein Buch konzentrieren können. Einer hat erzählt, er ist ausgestiegen, weil er zu viele Freunde bei *Facebook* hatte.»

Eine Freiheitsforscherin, die sich mit modernen Kommunikationstechnologien beschäftigt. Wie sehr wird unsere persönliche Freiheit von diesen Technologien beeinflusst? Ist das Internet Fluch oder Segen? Gibt es die Freunde bei *Facebook* wirklich? Und wenn ja, kommen die auch, um beim Umzug zu helfen?

....

FREIHEIT MUSS MAN FÜR SICH SELBST IMMER WIEDER NEU ERSPÜREN. IM PRIVATEN WIE IM POLITISCHEN.

Prof. Dr. Ulrike Ackermann

....

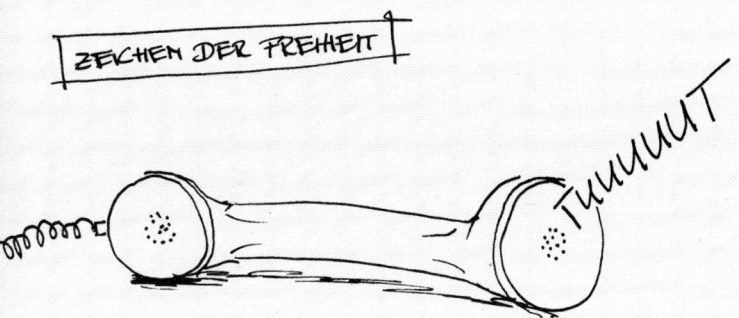

WO IST DER «GEFÄLLT MIR NICHT»-BUTTON?

19.

Früher war Computertechnologie eine Domäne der Militärs. Mächtige Rüstungskonzerne benutzten sie für die Herstellung von Fluglenkkörpern, Radarsystemen oder Beobachtungssatelliten. Irgendwann erkannte man, dass jede Technologie, die Menschen umbringt, einen riesengroßen Nachteil hat: Die Leute, die die Produkte kaufen, werden immer weniger. Deshalb wurden die ehemaligen Produzenten von Massenvernichtungswaffen zu Handlangern der Massenunterhaltung.

Absehbar war das alles nicht. Oder hätten Sie gedacht, dass es einen Markt für ein kleines, elektronisches Küken gibt, das regelmäßig gefüttert, gepflegt und unterhalten werden muss? Dennoch war das Tamagotchi als erste Form virtuellen Lebens eine Erfolgsgeschichte. Kurz danach wurde ganz Kalifornien sieben Jahre lang von einem Cyborg T 800 regiert.

Auch das World Wide Web ist ursprünglich für militärische Zwecke entwickelt worden. Es ging aus dem 1969 entstandenen APANET hervor, einem Projekt zur Verbesserung der Kommunikation zwischen den Universitäten, die für das Pentagon arbeiten. Flächendeckende Verbreitung erfuhr es dann durch die Pornoindustrie. Ohne all die Sexseiten wäre das Internet heute noch ein Insidertipp für Informatikstudenten. So gesehen hat die Informationstechnologie sogar zu einer Renaissance der Handarbeit geführt.

«Das Internet ist Freiheit pur!», sagt meine Exfreundin Gudrun. Sie mailt, twittert und stellt alle zwei Stunden Bilder von ihrem Torben ins Netz. Auf *Facebook* hat sie inzwischen

432 Freunde. Aber als sie letzten Monat umzog, nahm kein einziger von ihnen an dieser Veranstaltung teil. Nur ich. Da ich blöderweise kein *Social Networker* bin, rief sie mich einen Tag vorher an. Am nächsten Morgen stand ich um sieben Uhr auf der Matte und schleppte ihre Waschmaschine in den fünften Stock. Hätte es einen «Gefällt mir nicht»-Button gegeben – ich hätte ihn gedrückt.

Als ich in der elften Klasse auf meinem C64 so geniale Programme schrieb wie: «5 PRINT «I LOVE GUDRUN» – 10 GOTO 5 – RUN», hätte keiner gedacht, dass sich die Computertechnologie innerhalb kürzester Zeit so rasant entwickeln würde. Heute steckt in jeder Grußkarte, die «Happy Birthday» singt, mehr Datenpower als in allen C64 des Planeten zusammen. Einige Airlines verwenden mittlerweile größere Rechnerkapazitäten für die Unterhaltungssysteme ihrer Flugzeuge als für das Cockpit. Ein großer Fehler. Hätte sich auf dem Gebiet der Flugzeugtechnik die gleiche Entwicklung vollzogen, wie wir sie in der IT-Branche in den letzten fünfundzwanzig Jahren erlebt haben, würde ein Flug von Frankfurt nach New York nicht mehr siebenhundert Euro kosten, sondern etwa einen Cent, und statt acht Stunden weniger als eine Sekunde dauern. Die Kehrseite: Die Flugzeuge wären winzig klein und würden dreimal pro Woche abstürzen. Angesichts des Preis-Leistungs-Verhältnisses aber ein eher triviales Problem.

Die modernen Medien haben unsere Gesellschaft radikal verändert. Ich bekam zu meinem Abitur noch fünfzehn Kilogramm Brockhaus. Heute bekommen Jugendliche mit hundertfünfzig Gramm iPhone die größte Bibliothek der Welt. Im Jahr 1930 kostete ein Telefonanruf von Amerika nach Europa umgerechnet etwa zweihundertfünfzig Dollar. Heute gehen die Kosten bei Skype-to-Skype-Telefonaten gegen null. Nur Telepathie ist noch günstiger.

Im Internet hat man freien Zugriff auf fast jede Information, die man will. Neulich habe ich einfach nur zum Spaß meinen Postboten, Josef Schneider, gegoogelt und herausgefunden, dass er parallel noch eine gutgehende Steuerkanzlei in Saarbrücken führt, Schäferhunde mag und vor drei Jahren überraschend verstorben ist. Alles wissen diese Suchmaschinen also auch nicht. Letzte Woche habe ich den Begriff «Sexgott Vince Ebert» eingegeben – kein einziger Treffer!

Mein Nachbar ist fest davon überzeugt, dass uns die Neuen Medien allesamt in den geistigen Ruin treiben: «Grad die junge Leut verblöde durch den neumodische Quatsch.» Im selben Atemzug erzählt er, dass ihm sein zehnjähriger Enkel seinen Rechner repariert hat, indem er *Windows Vista* neu installierte. Ein Betriebssystem, das mein Nachbar bis zu diesem Zeitpunkt für einen neuen Fensterreiniger hielt.

Tatsächlich ist in den letzten sechzig Jahren der durchschnittliche Intelligenzquotient weltweit gestiegen. Zahlreiche Aufmerksamkeitsstudien zeigen, dass Internet-Junkies eine schnellere Verarbeitungsgeschwindigkeit aufweisen, wenn unterschiedliche Aufgaben zu lösen sind. Müssen sie sich jedoch auf ein einziges Problem längere Zeit konzentrieren, zeigen sie Defizite. Sie «surfen» also effektiv die Informationen ab, aber tun sich schwer bei deren Vertiefung. «Wahrscheinlich hat sich deswegen auch der Flachbildschirm durchgesetzt», grunzt mein Nachbar.

Ich glaube, die Neuen Medien machen die Menschen nicht unbedingt dümmer. Sie vergrößern lediglich die Möglichkeiten, Dummheit auszudrücken. Twitter zum Beispiel ist das ideale Medium für Menschen, die der Welt nichts zu sagen haben, dabei aber nicht ins Labern kommen wollen. Denn dank gnädiger Umsicht der Erfinder ist jede Nachricht auf hundertvierzig Zeichen beschränkt. Gudrun schickt im Minutenabstand Belanglosigkeiten ab. Einfach nur, weil sie Spaß daran hat, dass bei ihren 432 Followern für nix und wieder nix die Jackentasche klingelt. Das ist die moderne Freiheit! Im Internet kann jeder zeigen, wer er ist. Das Suchprogramm *Technorati* hat errechnet, dass es weltweit über hundertzehn Millionen Weblogs mit öffentlichen Tagebüchern gibt. Schön ist das oft nicht. Wenn Familie Bäuerle dreiundneunzig Bilder von der letzten Tupperparty online stellt oder Hartmut aus Zeulenroda minutengenau dokumentiert, wie er maßstabsgetreu die Dresdner Frauenkirche aus Streichhölzern nachbaut, wünscht sich selbst der größte Internetfan, ein globaler Stromausfall würde das Netz für immer lahmlegen.

Andererseits haben Millionen von Bloggern das Thema Pressefreiheit auf eine vollkommen neue Ebene gehoben. Besonders in Ländern, in denen es überhaupt keine Pressefreiheit gibt. Bei den Volksbewegungen in Tunesien, Ägypten oder im Iran im Frühjahr 2011 spielte das Internet eine entscheidende Rolle. Noch vor wenigen Jahrzehnten war es möglich, unbemerkt von der Weltöffentlichkeit Tausende von Menschen niederzumetzeln. Heute verbreiten sich die kleinsten Ungerechtigkeiten und Skandale innerhalb von Sekunden über den gesamten Globus. Eine Zensur gibt es fast nicht mehr. Ich bin sicher, dass der Holocaust in dieser Dimension niemals möglich gewesen wäre, hätte es damals schon Fotohandys oder *Google Street View* gegeben. Da hätte wirklich keiner sagen können: «Du, wir haben von nix gewusst ...»

Jeder Diktator, der nur einen Funken Ehrgeiz im Leib hat, verachtet die moderne Kommunikationstechnologie. Weil sie für Transparenz sorgt. Oder wie meine Oma immer sagte: «Auch ein Furz, den du unter Wasser lässt, kommt irgendwann an die Oberfläche.»

Als Julian Assange im November 2010 auf WikiLeaks eine

Viertelmillion diplomatischer US-Berichte ins Netz stellte, war die Weltöffentlichkeit geschockt – was da alles ans Licht kam! Top-secret-Meldungen en masse. Zum Beispiel, dass Guido Westerwelle ein eitler Gockel ist. Wer hätte das gedacht???

Auch Gudrun bejubelte die WikiLeaks-Enthüllungen und feierte sie als einen Akt der Freiheit. Ich war skeptisch. Denn nur Staaten, die sowieso eine einigermaßen offene Kommunikation pflegten, konnten an den Pranger gestellt werden. Sie wurden also von Assange bestraft, gerade *weil* ihre Interna relativ offen zugänglich waren. Totalitäre Regierungen hingegen, die sich nach außen abschotten, waren auch für WikiLeaks nicht einsehbar. Vermutlich werden in Zukunft Diplomaten, Politiker und Staatsdiener freier Demokratien mehr denn je versuchen, die Schotten dicht zu halten. Das politische System wird nicht offener, sondern intransparenter werden. Und dadurch verlieren letztlich alle.

Im privaten Bereich ist WikiLeaks ohnehin unnötig. Gudrun ging in den Achtzigern bei der Volkszählung noch auf die Barrikaden, weil man von ihr wissen wollte, ob sie einen festen Wohnsitz hatte. Heute offenbart sie auf Flirtportalen Hobbys, Schuhgröße, Blutgruppe, sexuelle Vorlieben sowie Verwandtschaftsverhältnisse bis zum dritten Grade mütterlicherseits. Die DDR hatte Mielke, wir haben Zuckerberg.

Selbst mein Nachbar macht diesen Trend mit. Und zwar ohne es zu merken. Als leidenschaftlicher Schnäppchenjäger hat er selbstverständlich eine Payback-Karte. Als ich ihm klarmachte, dass alle seine Umsätze gespeichert werden, bekam er große Augen: «Du glaubst, die Drecksäck wisse, dass ich mir letzte Woche auf der Autobahnraststätte ein Heft für Männer gekauft habe??? Wenn des mei Inge erfährt ...»

Für meinen Nachbarn ist Inge die größte Bedrohung. Nicht wenige sehen allerdings in der Datensammlung ein noch viel größeres Problem und glauben, wir stünden kurz vor einem Orwell-Staat. Na ja. Da sollte man die Kirche mal im Dorf lassen. Auch wenn mir bewusst ist, dass Daten mit das Privateste sind, was man hat, kann ich die Panik vor einem bevorstehenden Überwachungsstaat nicht ganz nachvollziehen. Vor allem, wenn man bedenkt, wie groß das Wissen deutscher Staatsdiener über die neuen Technologien wirklich ist.

Der CDU-Politiker Wolfgang Bosbach forderte einst: «Online-Durchsuchung, das geht nicht mit Messer und Gabel und auch nicht mit Fernglas. Dafür brauchen wir den Einsatz modernster IT-Technik, und da kann eine Mail ein Beispiel dafür sein.» Das muss man sich mal auf der Zunge zergehen lassen. Eine Mail als Geheimwaffe im Kampf gegen Computerhacker und internationale Topterroristen. «Liebe al-Qaida, wir möchten Sie höflichst bitten, Ihre Festplatte auszudrucken und uns zuzufaxen. Sollten Sie kein Mitglied von al-Qaida sein, informieren Sie bitte Ihren Webmaster.»

Ich glaube, solange Männer an der Macht sind, die das Internet für «... so was Ähnliches wie eine moderne Telefonanlage oder so» halten (Zitat Wolfgang Schäuble), wird der Angriff des Staates auf unsere Freiheit ausbleiben. Vor einer Truppe, die eine Vorratsdatenspeicherung genauso professionell angeht wie die Gesundheitsreform oder die Einführung des LKW-Mautsystems – vor einer solchen Truppe müssen wir uns nicht fürchten.

Unterm Strich hat sich das Internet als eine grandiose Freiheitsmaschine erwiesen. Doch Freiheit erfordert eben auch Eigenverantwortung. Wenn ich heute die Nacktbilder vom letzten Swingerclubtreffen auf *Facebook* poste und morgen zu einem Bewerbungsgespräch bei der *Deutschen Bank* eingeladen bin, darf ich mich nicht wundern, wenn mir der Leiter der Personalabteilung sagt: «Der Job ist leider schon weg, aber wir können uns ja nächsten Freitag mal privat treffen.»

Dr. Necla Kelek,
Islamkritikerin

IM DRITTEN REICH FRAGTE DER KABARETTIST
WERNER FINCK WÄHREND EINER VORSTELLUNG
EINEN MITSCHREIBENDEN SS-MANN: «Rede ich zu schnell?
Kommen Sie mit? Oder muss ich mitkommen?»

Diese Zeiten sind glücklicherweise vorbei. Oder doch nicht?
Kann man heutzutage über *alles* Späße machen, ohne ernsthaft
in Schwierigkeiten zu kommen? Ja? Dann versuchen Sie mal,
vor der Moschee Ihres Vertrauens ein paar schlüpfrige Witz-
chen über den Propheten loszulassen.

Ich bin mit Necla Kelek verabredet und möchte mit ihr über
Fanatismus und Fundamentalismus reden. Die türkischstäm-
mige Islamkritikerin wird von einigen deutschen Journalisten
als Demagogin und Hasspredigerin bezeichnet, weil sie findet,
dass der Islam keine besonders tolerante Religion ist.

Als ich von ihr wissen wollte, wie sie mit der harten Kritik aus
dem deutschen Feuilleton zurechtkomme, äußerte sie zu meinem großen Erstaunen sogar ein gewisses Verständnis: «Die
Journalisten, die mich kritisieren, haben auch ein Gerechtig-
keitsbewusstsein. Das weiß ich. Wahrscheinlich gelingt es mir

nicht, meine Position genau zu erklären. Ich muss selbstkritisch sein. Ich schaffe es nicht, auch diese Menschen zu überzeugen.»

Das klingt jetzt so gar nicht nach einer Hasspredigerin. Meinem Empfinden nach ist Necla Kelek ein durch und durch aggressionsfreier und warmherziger Mensch. Sie lässt andere Meinungen zu, vertritt aber gleichzeitig ihre eigene sehr konsequent. Fundamentalismus sieht anders aus. Trotzdem – oder gerade deshalb – wird sie von vielen Seiten angefeindet. «Wer seine Meinung frei äußert, kann nicht erwarten, dass die Menschen ihn lieben», sagt sie mit einem Schulterzucken.

Warum versuchen die Menschen seit ewigen Zeiten, anderen ihre Ideologie aufzuzwingen? Weshalb lassen einige von ihnen nichts anderes als ihre eigene Meinung gelten? Und wieso sind diese Menschen so blind gegenüber logischen Argumenten?

....

ES LEBE DIE FREIHEIT!

Dr. Necla Kelek

....

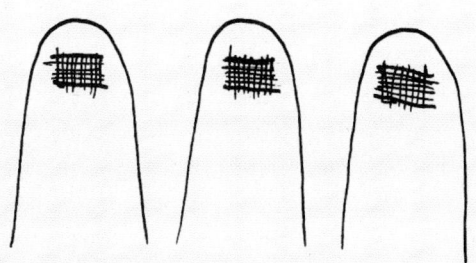

PAKISTANS NEXT TOPMODELL (FINALE)

20

DIE APP DES VERGESSENS

Am 2. Mai 2011 atmete die Welt auf. In einem bescheidenen Reihenhäuschen in Pakistan wurde Osama bin Laden von amerikanischen Elitesoldaten zur Strecke gebracht. Dort lebte der gefährlichste Mann der Neuzeit mit zwei Ehefrauen, zwölf Hühnern, mehreren Kaninchen und einer beeindruckenden Pornosammlung. Gesehen haben wir den Toten nie. Denn er sei – um es österreichisch auszudrücken – «kaa schöne Leich» gewesen. Nicht mal vierundzwanzig Stunden nach seinem Tod wurde er seebestattet. Kaum hatte man ihn aufgespürt, war er schon wieder untergetaucht. Vergnügt er sich nun mit zweiundsiebzig Meerjungfrauen?

Zehn Jahre lang hat Osama bin Laden die Welt in Atem gehalten. Mit dem 11. September 2001 bekam der aufgeklärte Westen zum ersten Mal deutlich zu spüren: Manchen Menschen geht es um etwas anderes als um Toleranz, Lufthansa-Meilen und Freiheit. Seitdem versucht man fanatische Attentäter mit noch fanatischeren Sicherheitskontrollen zu bekämpfen. Vor jedem Flug müssen wir tonnenweise Nagelscheren, Zahnpastatuben und Parfumflacons wegwerfen, weil amerikanische Geheimdienste herausgefunden haben, dass man mit Maniküre zubehör, Elmex und Chanel No. 5 Flugzeuge in die Luft sprengen kann. Wie das gehen soll, weiß noch nicht einmal McGywer. Irgendwann entdeckt der CIA wahrscheinlich noch, welch furchtbar grausame Dinge man mit einem Wattestäbchen anrichten kann.

Vielleicht sollten wir uns an den Israelis ein Beispiel nehmen.

Die verlassen sich nicht auf hirnlose Röntgenscanner, sondern stellen geschulte Psychologen an die Flug-Gates. Sobald ihnen ein Fluggast verdächtig vorkommt, sprechen sie ihn an: «Was haben Sie an Ihrem Zielort vor? Erwartet Sie da jemand? Freunde? Verwandte?? Jungfrauen???» Achtung: Fangfrage!

Dabei könnten sich die Attentäter viele Sympathien erwerben, wenn sie ihre Ziele nur ordentlich aussuchen würden. Ein Sprengstoffanschlag im Datenzentrum der Punktesammelstelle in Flensburg – und selbst der konservativste Deutsche wäre der Meinung: «Och, sooo schlimm ist der Mullah doch gar nicht!»

Wieso glauben eigentlich so viele, dass sie die Wahrheit gepachtet haben? Die Geschichte der Menschheit ist geprägt von Menschen, die sich grundsätzlich auf der Seite des Richtigen sehen und dabei die Freiheit der anderen unterdrücken. Dies führte zu Konzentrationslagern, Zwangsumsiedlungen und Mauerbau. Aber diese Geisteshaltung steckt genauso hinter Genfeldzerstörungen, Hausbesetzungen, Molotow-Cocktails und jahrzehntelanger Fernsehfolter durch «Das Wort zum Sonntag».

Ende der sechziger Jahre führten die Kognitionspsychologen Timothy Brock und Joe Balloun ein interessantes Experiment durch: Sie spielten einer Gruppe von Teilnehmern eine Aufnahme vor, in der es um die historischen Verfehlungen des Christentums ging. Die Forscher hatten darin Knacken und Rauschen eingebaut, die die Zuhörer durch Drücken eines Knopfes vermindern konnten, um das Gesagte besser zu verstehen. Die eine Hälfte der Probanden bestand aus tiefgläubigen Kirchgängern, die anderen waren bekennende Atheisten. Das Ergebnis des Experiments war so absehbar wie deprimierend: Während die Ungläubigen ständig versuchten, die Störgeräusche zu unterdrücken, legten die Gläubigen keinerlei Wert darauf, die negativen Aspekte ihres Glaubens besser hören zu können. Vielleicht steckt das Wissen um diesen Effekt ja ursprünglich hinter der Idee des Glockenläutens?

Diese Form der Ignoranz – was ich nicht hören will, das höre ich auch nicht – konnte der Psychologe Drew Weston im Jahr 2004 sogar neurologisch nachweisen. Er durchleuchtete mit Hilfe eines Magnetresonanztomographen die Gehirne von Menschen mit extremen politischen Einstellungen und erkannte, dass ihr Verstand die Widersprüche ihrer Ideologie schlichtweg ignorierte. Ein klarer Fall von neurologischer Selbsttäuschung. Diese Menschen *wissen* also, dass sie recht haben. Kein Argument der Welt kann sie vom Gegenteil überzeugen. Deshalb kann man in einer Diskussion mit ihnen nur verlieren. Im schlimmsten Fall den Verstand.

Auch meine Exfreundin Gudrun zeigt solche Grundzüge. Zum Beispiel behauptet sie steif und fest, dass ihr MacBook nie abstürzt. Das tut es natürlich. Ich hab's selbst gesehen! Aber Gudrun scheint das sofort wieder zu vergessen. So wie Regenschirme, Autoschlüssel und den Geburtsschmerz. «Abstürzen» ist ein Begriff, den sie vom Bergsteigen, aus der Luftfahrt oder aus der Mythologie kennt. Ich glaube, dieser Steve Jobs hat extra in jedem Computer eine Vergessens-App installiert, die sich nach einem Absturz automatisch aktiviert.

Vielleicht gibt's diese Vergessens-App ja auch schon länger? «Es war ja nicht alles schlecht damals, immerhin hat er die Autobahnen gebaut ...» Die App scheint überall installiert zu sein: oben wie unten, rechts wie links. «Ho Ho, Ho Chi Minh», riefen vor vierzig Jahren die deutschen Studenten begeistert, und als herauskam, dass die nordvietnamesische Freiheitsikone ein Massenmörder war, schaltete sich im Hirn die App ein. Heute müssten sie konsequenterweise dann eigentlich «Ah Ah, Ahmadinedschad» rufen. Aber zum Glück lässt sich der Name so schlecht aussprechen. Auch der Freiheitskämpfer Che Guevara war alles andere als ein moderner Robin Hood. Er richtete in Kuba Konzentrationslager ein, ordnete Hunderte von Todesstrafen an, und erschoss persönlich etliche Delinquenten. Und das Konterfei eines solchen Menschen tragen wir auf dem T-Shirt.

Viele historische Figuren, die wir heute für ihren mutigen Freiheitskampf bewundern, hatten ihre ganz eigene Auffassung von Freiheit. Martin Luther schrieb 1543: «Was wollen wir mit diesem verdammten Volk der Juden? [...] Man stecke ihre Synagogen und Schulen mit Feuer an, und was nicht brennen will, mit Erde überhäufe, dass kein Mensch einen Stein davon sehe ewiglich.»

Selbst Jesus Christus hatte seine fanatischen Seiten. Im Matthäusevangelium predigt er: «Ich bin nicht gekommen, Frieden zu bringen, sondern das Schwert. Denn ich bin gekommen, den Menschen zu entzweien mit seinem Vater und die Tochter mit ihrer Mutter und die Schwiegertochter mit ihrer Schwiegermutter.» Nichts gegen den Sohn Gottes, aber ein Familienaufsteller hätte seine wahre Freude an ihm gehabt. Schon allein wegen der dominanten Vaterfigur.

Später wurde Jesus ans Kreuz genagelt, weil sich das jüdische Volk entschlossen hat, an seiner Stelle lieber einen gewissen Barabbas zu begnadigen. Die Juden haben also einen Mörder dem Sohn Gottes vorgezogen. Das ist jedoch nur die christliche Version. Eine andere besagt, dass Barabbas ein Mitglied der Zeloten war, einer Gruppe, die den offenen Widerstand gegen die Römer praktizierte. Unter diesem Gesichtspunkt mussten sich die Juden also zwischen einem bewaffneten Widerstandskämpfer und einem religiösen Spinner entscheiden. Wen hätten sie begnadigt? Stauffenberg oder Ron Hubbard?

Einzig über Mahatma Gandhi ist mir nichts Negatives bekannt. Der indische Freiheitskämpfer trat in einen lebensgefährlichen Hungerstreik, nur um von Großbritannien unabhängig zu werden. Wer die englische Küche kennt, kann ihn voll und ganz verstehen.

Seit den Terroranschlägen von New York werden Freiheit und Toleranz wieder heftig diskutiert. Wie sehr darf man die Freiheit einschränken, um sie zu verteidigen? Wie tolerant dürfen wir gegenüber Intoleranz sein? Als 2005 der dänische Zeichner Kurt Westergaard wegen seiner Mohammed-Karikatur mit dem Tode bedroht wurde, sagte Wolfgang Schäuble: «Die Karikaturen sind geschmacklos und unlustig.» Edmund Stoiber wollte sogar den Gotteslästerungsparagraphen wieder einführen. Selbst der Papst hat sich zu Wort gemeldet. Joseph Ratzinger, der «J.R.» aus Marktl am Inn, verkündete: «Meinungsfreiheit darf keinesfalls so weit gehen, dass religiöse Gefühle verletzt werden!» Aber warum eigentlich nicht? Es gibt kein Recht auf die Respektierung religiöser Gefühle. Was es zu respektieren gilt, ist das Recht auf Religionsfreiheit. Jeder Mensch hat einen von der Verfassung verbrieften Anspruch, seine Religion auszuüben, sofern dies nicht die Rechte anderer verletzt. Dass niemand an der Ausübung seiner Religion gehindert werden darf, bedeutet jedoch nicht, die *Inhalte* dieser Religion respektieren zu müssen. Warum sollte man religiöse Ideen anders behandeln als andere Ideen? Es muss möglich sein, sie zu diskutieren, sich über sie lustig zu machen oder sie sogar zu verwerfen.

Doch was macht der zivilisierte Westen? Sitzt da, guckt blöd aus der Wäsche und wirft sich vor den radikalen Islamisten in den Staub. Sobald irgendwo eine Lurchart gefährdet ist, wird sofort eine Bürgerinitiative gegründet. Doch wenn es wirklich um etwas geht, um die Verteidigung unserer westlichen Freiheitswerte, duckt man sich weg und faselt etwas von «Respekt gegenüber anderen Kulturen».

Schon Friedrich Schiller wusste: «Die Kunst ist eine Tochter der Freiheit.» Es steht überhaupt nicht zur Debatte, ob die Mohammed-Karikaturen lustig oder geschmackvoll waren. Oder ob sich irgendwer dadurch beleidigt fühlen könnte. Ich als Katzenliebhaber finde Garfield-Comics auch nicht lustig. Aber käme ich auf die Idee, einen Laden mit Garfield-Comics abzufackeln? Nein, außer die verkauften auch noch Diddlmäuse – spätestens dann wäre Schluss mit Toleranz!

Der größte Teil unserer Menschheitsgeschichte wurde von Kulturen geprägt, die sich völlig sicher waren, dass sie die einzig Auserwählten seien. Und die daraus für sich das Recht ableiteten, abweichende Ideen zu bekämpfen: ob Baader-Meinhoff oder der Ku-Klux-Klan, Scientology oder die Baptisten, al-Qaida oder Kreuzritter. Fundamentalismus ist die Abwesenheit von Freiheit. Denn «Freiheit ist immer die Freiheit der Andersdenkenden», sagte Rosa Luxemburg.

Vielleicht hätten wir Bin Laden nach 9 / 11 nicht durch den gesamten Hindukusch hetzen, sondern ihm die EU-Mitgliedschaft anbieten sollen. Dann würden Selbstmordattentate von fanatischen Muslimen endlich der Vergangenheit angehören. Es hätte nämlich Jahrzehnte gedauert, bis sie eine Aufnahme-Genehmigung aus Brüssel erhalten hätten.

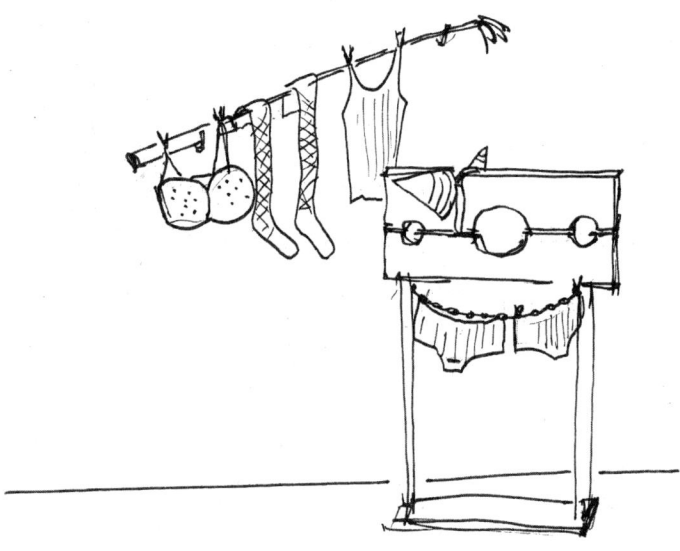

Comtesse Nicole, Domina
(Ausschnitt)

FUNDAMENTALISMUS IST EINE ERNSTE SACHE. Aber soll man mit so einem Thema ein Buch über Freiheit beenden? Oder lieber mit dem wichtigsten Thema der Welt? « Sex sells » heißt es ja in der Werbung, und nicht nur da. Deshalb führte mich meine letzte Etappe bei der Erkundung der Freiheit in die Welt der Lust und Liebe. Für Sie, liebe Leser, bin ich dorthin gegangen, wo's richtig weh tut. Ich besuchte *Comtesse Nicole* – eine professionelle Domina. Von ihr wollte ich erfahren, was Männer dazu treibt, zum Sklaven zu werden. Was sind das für Typen? Worauf fahren die ab? Kann ich den Besuch als « Recherche » von der Steuer absetzen?

Nicole ist groß, schlank, blond und trägt ein schlichtes schwarzes Minikleid, schwarze Stumpfhosen mit Naht und hochhackige spitze Schuhe, die eigentlich unter das Waffengesetz fallen müssten. Ihr schwarzer Pitbull beobachtet mich aufmerksam. « *Mojito* macht nichts. Der will nur spielen. » Ich bin mir nicht sicher, ob das Wort « spielen » aus dem Mund einer

Domina wirklich beruhigend klingt. Doch sowohl *Mojito* als auch Nicole sind nett. «Ich bin keine klassische Domina, die die Leute auf dem Bock fixiert und einfach draufhaut, bis das Blut spritzt. Diese harten, krassen Sachen kommen für mich nicht in Frage. Meine Methode ist eher sinnlich. Zuckerbrot und Peitsche. Die Kunst besteht darin, den Gast allein mit Worten dazu zu bringen, sich mir komplett auszuliefern. Und das geht nicht nur mit ein bisschen Blabla.» – «Bei dir fließt also kein Blut?», will ich wissen. – «Natürlich kann das schon mal passieren. Etwa wenn man eine Nadel herauszieht oder einen Nagel falsch setzt.» – «Einen *Nagel* falsch setzt?» – «Ja, wenn ich zum Beispiel den Hodensack auf den Tisch nagele ...» WIE BITTE??? Da behauptet Nicole noch vor einer Minute, sie sei eher so der «softere» Dominatyp, und erwähnt dann beiläufig, dass sie ab und zu mal einen Hodensack auf den Eiche-rustikal-Tisch hämmert?

Was läuft da nur bei den derart Behämmerten im Gehirn ab? Warum sind wir so triebgesteuert? Und überhaupt: Wird die Sache mit dem Sex vielleicht nicht doch ein wenig überbewertet?

....

DEUTSCHLAND IST, WAS FREIHEIT ANGEHT, GANZ WEIT VORNE. IN EINEM ANDEREN LAND KÖNNTE ICH NICHT SO LOCKER MEINER ARBEIT NACHGEHEN.

Comtesse Nicole

....

21

FREIER
ODER ÄRMER?

Vor einiger Zeit hatte ich mal wieder Lust auszugehen, zu flirten und, wenn es sich ergeben sollte, auf einen Kaffee mit hochzukommen. Ich ging also in einen angesagten Frankfurter Club – und kam mir schnell vor wie auf der Geburtstagsfeier der Exfrau von Lothar Matthäus. Außer der Klofrau befand sich dort definitiv keiner auch nur in der Nähe meines Alters. Aber Bange machen gilt nicht. Ich bewegte mich, so cool wippend, wie es mir mit meinem Meniskusschaden eben möglich war, auf die Tanzfläche und legte eine Performance hin wie John Travolta in seinen besten Jahren. Und es funktionierte! Schon nach einer Minute zwinkerte mir tatsächlich eine sehr attraktive Zwanzigjährige zu, kam mit lasziven Schritten auf mich zu und brüllte mir ins Ohr: « Sind Sie der Vater von der Jaqueline, der uns abholen soll? »

Der Drang nach Sex beeinflusst unser Leben in allen Bereichen. Die Weltgesundheitsorganisation schätzt, dass sich tagaus, tagein etwa hundert Millionen Geschlechtsakte ereignen. Die von Jack Nicholson und Silvio Berlusconi nicht mitgezählt. Sind wir unseren Trieben also völlig ausgeliefert?

In Bezug auf Sex bin ich ein Kavalier alter Schule. Bevor es zum Äußersten kommt, führe ich die Frau meiner Träume grundsätzlich groß zum Essen aus und bezahle dabei ein Vermögen. Eigentlich wäre es umgekehrt viel praktischer. Vorher bin ich so nervös, dass ich eh nichts runterbekomme – und danach habe ich meist einen Riesenhunger. Doch so läuft das Spiel nicht. Bevor eine Dame mit einem Mann zum ersten Mal ins Bett geht, werden rund eine Million Worte gewechselt. Die meisten davon von der Frau.

Weibliche Exemplare unterschiedlichster Spezies vom Zwerghasen bis zum Skihasen muten dem Männchen brutale Folterqualen und absurde Balzrituale zu, bevor sie gestatten, mit ihnen zu kopulieren. Deswegen schleppen sich Männer, die mit der Eleganz eines Kachelofens gesegnet sind, zu lächerlichen Salsa-Abenden. Ich habe sogar schon mal für eine Frau mein Partnerhoroskop bestimmen lassen. Und das als Physiker! Entwürdigend. Was hat das noch mit Freiheit zu tun?

Das Werben um Geschlechtsverkehr erklärt buntes Gefieder, rituelle Kämpfe und klobige Geländewagen, die zu einem hohen Prozentsatz von kleinen, hässlichen Männern gefahren werden. In Papua-Neuguinea tragen die Herren der Schöpfung aus Imponiergehabe sogar einen Penisköcher. Das ist schick, das schafft Vertrauen. «Steht dir sehr gut», sagt man dort. Aber versuchen Sie mal, mit einem solchen Ding bei der Taunussparkasse Oberursel einen Überziehungskredit zu bekommen.

Trotzdem reden alle von sexueller Freiheit. Ich für meinen Teil habe das Gefühl, meine Triebe machen mit mir, was sie wollen. Es fängt übrigens schon in der Kindheit an. Neulich im Schwimmbad bekam ich mit, wie ein kleiner Junge fasziniert seinen Hodensack betrachtete, um dann sichtlich verwirrt seine Mutter zu fragen: «Du, Mama, ist das mein Gehirn?» Daraufhin streichelte sie ihrem Sohn liebevoll über den Kopf und sagte: «Noch nicht, Kevin. Noch nicht …»

Der niederländische Anatomieprofessor Gert Holstege durchleuchtete mit einem hochauflösenden SPEC-Detektor das Gehirn von dreizehn jungen Männern, während sie von ihren Partnerinnen manuell zum Samenerguss gebracht wurden. Manchmal muss man für die Wissenschaft eben Opfer bringen. Im Augenblick des Orgasmus schraubten weite Teile der männlichen Großhirnrinde ihre elektrische Aktivität zurück. Die Psychologen Mark S. Blumberg und Howard Moltz von der University of Chicago zeigten an Tests mit Rattenmännchen sogar, dass bei der Ejakulation die Betriebstemperatur im Oberstübchen deutlich abfällt. Je heißer die Lust, desto cooler das Gehirn. Der Komiker Robin Williams brachte das Ganze auf den Punkt: «Gott gab uns einen Penis und ein Gehirn, aber nicht genug Blut, um beides gleichzeitig zu verwenden.»

Wie sieht's eigentlich mit den Damen der Schöpfung aus? Eine große Sexualstudie der Universität Essen kommt – Überraschung, Überraschung! – zu dem Ergebnis, dass Frauen während der Erregung und beim Orgasmus *mehr* Gehirnregionen aktivieren als Männer. Bei Frauen ist sogar zusätzlich ein Bereich im rechten Stirnhirn aktiv, wie der Neuroradiologe Michael Forsting und seine Kollegin Elke Gizewski mit Hilfe der funktionellen Magnetresonanztomographie herausfanden. Seine Funktion gibt allerdings noch Rätsel auf. Eventuell könnte es sich um das lang gesuchte «Die Decke müsste mal wieder gestrichen werden»-Areal handeln.

Aus eigener Erfahrung weiß ich, dass es auch Frauen gibt, die ähnlich triebgesteuert sind wie Männer. Ich hatte sogar mal eine Freundin, die beim Betrachten vom *Schulmädchenreport 1–23* alles um sich herum vergaß und mir die Kleider vom Leib riss. Ganz ehrlich, ich fühlte mich irgendwie benutzt! Heute weiß ich, sie konnte nicht anders. Es lag an ihren Spiegelneuronen. Das sind hochentwickelte Bausteine unseres Gehirns, die nicht nur aktiv sind, wenn man eine Bewegung selbst ausführt, sondern auch dann, wenn man die gleiche Bewegung bei jemand anderem sieht. Durch die Spiegelneuronen werden wir buchstäblich zu Mit-Gefühl fähig. Seit ich das weiß, bekomme ich beim Betrachten eines Sexfilms auf einem intellektuell wesentlich höheren Niveau Lust.

Auch einige höher entwickelte Tiere besitzen Spiegelneuronen, vermuten Forscher. Deswegen haben vor einigen Jahren die Wärter des Pekinger Zoos den Pandabären Pornos vorgespielt, um sie zu animieren, sich zu vermehren. Ein Experiment, das leider gescheitert ist. Die Details wurden geheim gehalten. Ich hätte da allerdings noch ein paar Fragen: Wurden denen Menschen gezeigt? Oder Menschen in Panda-Kostümen? Oder Menschen in einem Fiat Panda? Falls ihnen tatsächlich echte Hardcore-Pornos gezeigt wurden, ist mir klar, warum die nie schwanger wurden. Jedes Mal, wenn das Männchen so weit war, zog es seinen Penis heraus, und ejakulierte auf die Brüste des Weibchens. Es ist eben doch nicht so einfach, das Tier im Tier zu wecken.

Warum gelingt den Pandas, was uns so schwer fällt: sich von sexuellen Trieben zu befreien? «Den größten Reichtum hat, wer arm an Begierden», diagnostizierte der römische Philosoph Seneca. Auch Sigmund Freud vertrat noch vor hundert Jahren die Theorie, dass kulturelle Leistungen entstehen, weil der Mensch seine sexuellen Triebe unterdrückt und sie stattdessen in geistige Bahnen lenkt. Eine Forschergruppe um den Psychologen Roy F. Baumeister von der Case Western University ging dieser These nach und fand nicht den kleinsten Beweis für Freuds sogenannte Sublimierungstheorie. Tatsächlich zeigen Umfragen: Personengruppen, die einen sehr hohen Bildungsgrad besitzen oder große intellektuelle Leistungen vollbringen, haben häufigeren und vielfältigeren Sex als intellektuelle Tiefflieger. Kein Wunder, denn Sex fängt bekanntlich im Hirn an, aber hört selten dort auf.

Die Evolutionstheorie liefert sogar Hinweise, dass der Wunsch nach Wollust den wichtigsten Motor des geistigen Schaffens darstellt. Picasso, Einstein, Mozart oder Brecht waren schlimme Schürzenjäger. Um Frauen zu beeindrucken, setzen wir Männer von jeher unsere gesamte Kreativität ein. Kunst und Kultur sind schon immer das perfekte Aushängeschild für genetische Fitness. Logisch. Wer seine Zeit mit Gedichteschreiben verplempern kann, der signalisiert dem Weibchen: Schau her, ich kann's mir leisten, ich habe meine Schäfchen im Trockenen! Vielleicht sind Werke wie Shakespeares *Hamlet*, Beethovens *Neunte* oder van Goghs *Sonnenblumen* nicht die Früchte künstlerischer Freiheit, sondern lediglich das Fallobst ihres Balzverhaltens.

Dennoch priesen es die großen Weltreligionen seit Menschengedenken als segensreich, die Fleischeslust abzutöten. Im Mittelalter steigerte sich der Kreuzzug gegen die Freuden des Liebesaktes zu einer wahren Besessenheit. Der heilige Clemens von Alexandria hielt den Beischlaf für eine schmutzige Wiederholung der Erbsünde und glaubte, die Seele verlasse beim Orgasmus fluchtartig den Körper. Mittlerweile weiß man: Es ist oftmals der gesamte Körper, der nach dem Höhepunkt fluchtartig die Wohnung verlässt.

Bis zum heutigen Tag verbietet der Vatikan seinem Personal zu heiraten. Dabei weiß doch jeder halbwegs gebildete Mensch, dass es keine bessere Methode gibt, im Zölibat zu leben, als eine langjährige Ehe.

In Wahrheit wirkt sich keine sexuelle Spielart so negativ auf Gesundheit und Lebensqualität aus wie Enthaltsamkeit. Vielleicht ist sie ja die größte aller sexuellen Perversionen? Eine Langzeitstudie der Duke University in den USA wies eindeutig nach, dass schon zwei Orgasmen pro Woche die Lebenserwartung von Männern signifikant erhöht. Je häufiger ihre Liebeslust, desto geringer ihr Sterberisiko. Demnach müssten Puffbesuche eigentlich von den Krankenkassen bezuschusst werden.

Deutsche Männer geben pro Jahr aus reiner Gesundheitsvorsorge in Bordellen über zehn Milliarden Euro aus. Sie kommen als Freier – und gehen ärmer. Ein nicht geringer Prozentsatz betuchter Männer besucht sogar regelmäßig eine Domina und lässt sich von ihr für zweihundertfünfzig Euro eine Stunde lang demütigen. Die Kundenhotline von der Deutschen Telekom wäre da deutlich günstiger.

Der Masochist unterwirft sich bestimmten Regeln, gibt bewusst seine Freiheit auf und empfindet dabei Vergnügen. Eigentlich ein Prinzip, auf dem auch die Ehe basiert. Allerdings ist bei der Domina der Preis vorher klar. Letztes Jahr hat sich einer meiner Bekannten von seiner Frau scheiden lassen und musste insgesamt dreihunderttausend Euro abdrücken. Für das Geld hätte er sich in seinem SM-Studio zwölf Jahre lang den Hintern versohlen lassen können. Mit seiner Frau war er nur drei Jahre verheiratet! Genau genommen hat er also noch neun Jahre Demütigung gut. Deswegen hat er wahrscheinlich auch gleich die Nächste geheiratet.

Man könnte übrigens die verbreitete Neigung zum Masochismus viel effektiver nutzen. Unsere Gesellschaft sucht permanent irgendwelche Prügelknaben und Sündenböcke. Politik, Wirtschaft, Medien – ständig wird einer an den Pranger gestellt. Und es gibt Typen, die darauf sogar noch stehen!

Bei der Ölpest im Golf von Mexiko wurde nach monatelangem Hickhack der Chef des BP-Konzerns gefeuert und das Unternehmen musste ihm noch eine Millionenabfindung zahlen. Wieso ist man nicht gleich am Anfang in ein SM-Studio gegangen, hat einem Masochisten tausend Euro in die Hand gedrückt und ihn in der Pressekonferenz mit den Worten vorgestellt: «Das ist der Herr Müller, der hat die Ölpest verursacht und möchte dafür die Konsequenzen tragen»? BP hätte ein Problem weniger gehabt und dem Müller wär' dabei noch einer abgegangen. Eine klassische Win-win-Situation.

Man kann es drehen und wenden, wie man will, der Sexualtrieb ist eindeutig der stärkste und rücksichtsloseste Trieb überhaupt. Vielleicht müssen wir einfach damit leben, unseren sexuellen Trieben ein Stück weit ausgeliefert zu sein. Jedes Lebewesen ist gnadenlos dazu bestimmt, seine Gene weiterzugeben. Der Begriff «sexuelle Freiheit» ist also ein Widerspruch in sich. Und selbst wenn wir alles dafür tun, uns beim Sex *nicht* fortzupflanzen, sind wir dennoch gefangen in einem evolutionär verankerten Programm mit nur einer einzigen Botschaft: Mein Erbgut ist die wichtigste Substanz im gesamten Universum! Das finden wir bei jungen Katzen süß, bei Küchenschaben eklig.

22

ENDSTATION FREIHEIT?

So. Das war's. Ich bin am Ende meiner Reise angelangt. Bin monatelang quer durch Deutschland gereist und habe mich mit den unterschiedlichsten Personen über die Freiheit unterhalten. Habe in Zügen, in Backstage-Bereichen, zwischen Tür und Angel und zu Hause am Schreibtisch dieses Buch geschrieben. Oft genug kam ich mir dabei ziemlich fremdbestimmt und unfrei vor. Paradox. Aber Freiheit hat nun mal ihren Preis. In diesem Fall 9,99 Euro. Diesen Betrag haben Sie (hoffentlich) investiert, weil es Ihnen 9,99 Euro wert war, lustige, überraschende und nachdenkliche Geschichten zu lesen. Für mich sind diese Geschichten natürlich nicht ganz so überraschend, weil ich sie ja schon kenne. Aber ich gestehe: Ich bin scharf auf die 9,99 Euro! Wenn *Sie* allerdings meine Geschichten ebenfalls nicht überraschend finden, ist es für Sie blöd gelaufen. Denn ich habe die 9,99 Euro trotzdem.

«Freiheit heißt nicht, tun und lassen zu können, was man will, sondern das genaue Gegenteil: Entscheidungen zu treffen und die Verantwortung zu übernehmen für diese Entscheidungen», sagt der Künstler Wolfgang Flatz. Mein alter Kumpel Teo formuliert es ganz ähnlich: «Der Preis für Freiheit ist der, dass ich mich nicht frei gehenlassen kann. Ich muss schauen, dass der Laden läuft. Nur dann kann ich Freiheit leben.»

Okay, das klingt jetzt schlimmer, als es ist. Immerhin leben wir in einer Gesellschaft, in der wir die Wahl haben. Und das ist ein großes Privileg. «Freiheit ist nicht vom Himmel gefallen», betont die Freiheitsforscherin Ulrike Ackermann. «Sie ist über Jahrhunderte in schweren, bitteren Auseinandersetzungen erkämpft worden.»

Tatsächlich ist die Idee, dass jeder Mensch ein individuelles Wesen ist, das sich frei entfalten darf, gerade mal dreihundert Jahre alt. «Du darfst alles tun, was andere als vollkommen idiotisch ansehen, solange du damit keinen schädigst», hieß es damals sinngemäß in der Epoche der Aufklärung. Oder wie es Immanuel Kant etwas intellektueller ausdrückte: «Habe Mut, dich deines eigenen Verstandes zu bedienen – auch dann, wenn du keinen hast.»

Deswegen sollten wir alle diese Freiheit nutzen. So wie meine Interviewpartner, die ich in den letzten Monaten besuchen durfte. Sie alle hatten den Mut, eigene Wege zu gehen. Auch wenn's manchmal schwer war. «You don't have to be everybody's darling», sagte neulich mein Nachbar zu mir. «Egal, was man macht, es wird immer so sein, dass es einem anderen nicht passt.»

Freiheit bedeutet nicht, das Richtige zu tun. Es ist besser, freiwillig ins Unglück zu laufen, als zu seinem Glück gezwungen zu werden. Laut dem Hirnforscher Gerhard Roth sind wir zwar nicht so frei, wie wir denken, aber wir sind viel freier, als wir glauben. Glaub' ich jedenfalls.

Wir können ins Kloster gehen, wie Schwester Jordana, oder einen Bankraub verüben, wie Ludwig Lugmeier. Freiheit kann gut oder schlecht sein. Aber die Abwesenheit von Freiheit ist immer schlecht.

Deswegen mein Appell: Seien auch *Sie* Ihr eigener Freiheitskämpfer. Tun Sie einmal am Tag etwas Verrücktes. Was soll schon groß passieren? Gehen Sie bei Rot über die Straße! Umarmen Sie eine Politesse!

«Freiheit ist die Droge fürs Leben», meint Hermann Otto Solms. Sie kann zwar abhängig machen, aber gesundheitsschädlich ist sie nicht.

Machen Sie sich frei! Sonst tut es keiner für Sie.

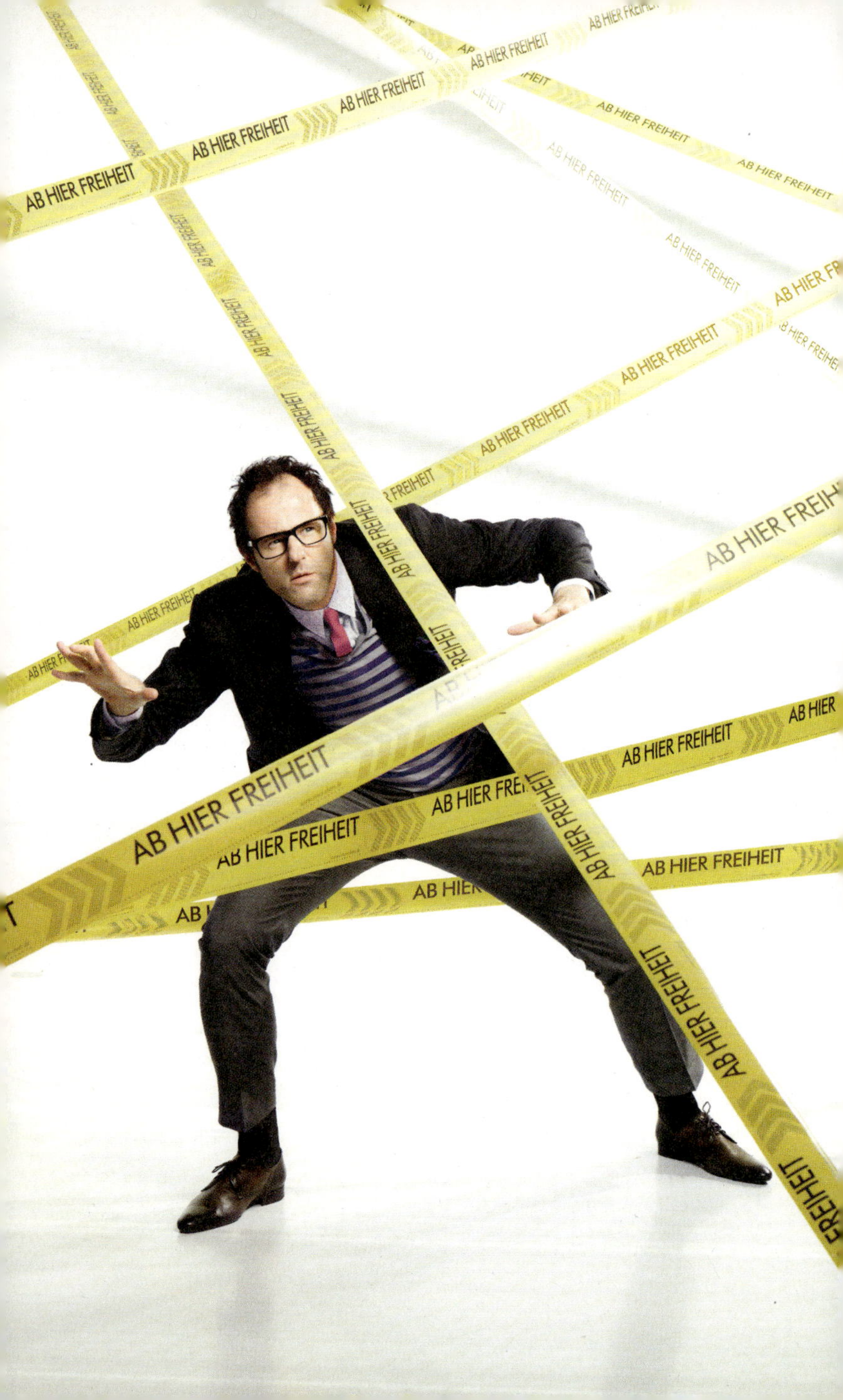
AB HIER FREIHEIT

FREIHEITS-CHECK

Herzlichen Glückwunsch! Sie haben dieses Buch sorgfältig gelesen und sind bereit für den ultimativen Freiheits-Check. Vielleicht haben Sie ja auch gleich bis hierhin geblättert, weil Sie tolldreist glauben, den Test ohne fundiertes Vorwissen bestehen zu können? Das steht Ihnen natürlich frei. Beantworten Sie auf jeden Fall die folgenden Fragen nach bestem Wissen und Gewissen. Addieren Sie dann die Punkte und erfahren Sie, auf welchem persönlichen Freiheitslevel Sie stehen.

1 FREIES ASSOZIIEREN. WAS ERKENNEN SIE AUF DER ZEICHNUNG?

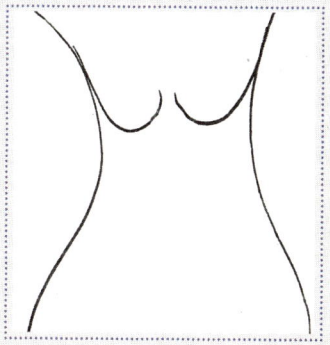

Da muss ich erst meinen Psychiater fragen	0 PUNKTE
Eine Vase	1 PUNKT
✗ Eine Frau	2 PUNKTE
Ein beleidigtes Elefantenpaar	5 PUNKTE

2 BEIM SCHWIMMEN IM STADTBAD MÜSSEN SIE PLÖTZLICH PINKELN. WAS TUN SIE?

Ich beiße die Zähne zusammen	2 PUNKTE

Ich verlasse das Becken und gehe aufs Klo ... 0 PUNKTE

Ich lasse es laufen und schaue das schwimmende
Kind neben mir vorwurfsvoll an ... 5 PUNKTE

Ich pinkle vom Fünfer ... 10 PUNKTE

3 GEHÖRT DER ISLAM ZU DEUTSCHLAND?

Wenn der Wulff das sagt, wird's wohl stimmen ... 0 PUNKTE

Nur, wenn er überraschende Pässe auf
Klose und Müller spielt ... 5 PUNKTE

Ich nix sprechen Deutsch ... 1 PUNKT

Auf jeden Fall. Ich mochte die Frauenquote sowieso nie ... 3 PUNKTE

4 EINE GOLDENE UHR UND EIN GOLDHAMSTER FALLEN
GLEICHZEITIG AUS DEM FENSTER. WAS FANGEN SIE AUF?

Die Uhr ... 3 PUNKTE

Den Hamster ... 1 PUNKT

Ich gehe kurz um den Block, um nachzudenken ... 0 PUNKTE

Fangfragen beantworte ich nicht ... 5 PUNKTE

5 BETRACHTEN SIE UNTENSTEHENDE GRAPHIK. IST DIE SCHERE
ZWISCHEN REICH UND ARM ...

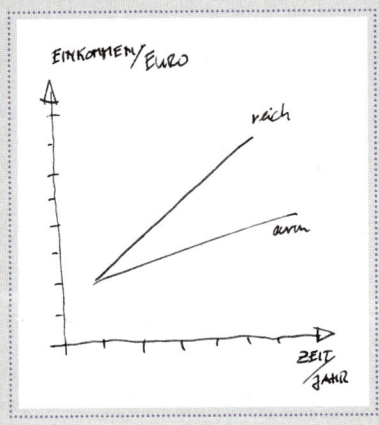

zu groß? — 0 PUNKTE

zu klein? — 10 PUNKTE

~~zu stumpf?~~ — 3 PUNKTE

eine Grillzange? — 5 PUNKTE

6 WIE KÖNNTE MAN IHRER MEINUNG NACH DIE DEMOKRATIE IN DEUTSCHLAND VERBESSERN?

Mehrheitswahlrecht einführen — 2 PUNKTE

☒ Volksentscheide einführen — 3 PUNKTE

Wahlen durch Losen ersetzen — 10 PUNKTE

Alle in 'nen Sack un' mim Knüppel druffgehaue! — 20 PUNKTE

7 SIE SIND BEI EINEM GEWERKSCHAFTER ZUM GEBURTSTAG EINGELADEN. WAS SCHENKEN SIE IHM?

Trillerpfeife — 0 PUNKTE

FDP-Kugelschreiber — 5 PUNKTE

Flächentarifvertrag — 1 PUNKT

Keine Beachtung — 3 PUNKTE

8 WELCHER POLITIKER FLÖSST IHNEN AM MEISTEN VERTRAUEN EIN?

Kenne keinen — 100 PUNKTE

Günther Jauch — 0 PUNKTE

Jürgen Möllemann — 5 PUNKTE

Der mit der Brille — 3 PUNKTE

9 FREIHEIT IN DER BEZIEHUNG BEDEUTET FÜR MICH:

Ich mach', was ich will — 10 PUNKTE

Mein Partner macht, was er will — 5 PUNKTE

Ich mach' gar nix — 0 PUNKTE

Welche Beziehung? — 2 PUNKTE

10 WELCHER SATZ TRIFFT IHRER MEINUNG NACH AM
EHESTEN ZU: FREIHEIT …

wird überschätzt	0 PUNKTE
ist alles	10 PUNKTE
~~ist nichts für Weicheier~~	5 PUNKTE
gerne, Hauptsache der Müll ist ordentlich getrennt	2 PUNKTE

....

11 WIRKLICH FREI IST MAN, WENN …

✓ man ohne Angabe von Gründen eine Essenseinladung ausschlägt	10 PUNKTE
man eine Pfandflasche in den Altglascontainer wirft	2 PUNKTE
man als Dreißigjähriger einen Seniorenteller bestellt	3 PUNKTE
die Kinder aus dem Haus sind und der Hund tot ist	5 PUNKTE

....

Gesamtpunktzahl   41

So sehen Sieger aus …

TESTAUSWERTUNG
WIE FREI BIN ICH?

0–5 PUNKTE

Na bravo! Warum habe ich mir eigentlich die Mühe gemacht und dieses Buch geschrieben? Sie sind gefangen in Ihren Zwängen und müssen auf jeden Fall freier werden. Außerdem sollten Sie mit Ihren dreiundvierzig Jahren endlich von zu Hause ausziehen, sich von Ihrer Carrera-Rennbahn trennen und die Mitgliedschaft im Hansi-Hinterseer-Fanclub kündigen. Lernen Sie, auf Ihre eigenen Bedürfnisse zu hören, und gehen Sie Stück für Stück aus sich heraus. Notfalls auch mit Hilfe einer Flasche Apfelkorn.

FREIHEITS-TIPP: *Machen Sie den Freischwimmer.*

6–35 PUNKTE

Bei Ihnen besteht Anlass zur Hoffnung! Sie haben eine eigene Meinung und vertreten diese lautstark, sofern sie sich mit der Meinung Ihres Freundeskreises deckt. Ab und an lassen Sie fünfe gerade sein und geben bei Ihrer Steuererklärung einen um 1,3 Kilometer längeren Arbeitsweg an. Allerdings sind Sie durchaus rückfallgefährdet: Bei der letzten Kommunalwahl haben Sie heimlich «Die Linke» gewählt. Natürlich nur, weil Sahra Wagenknecht so ein scharfes Luder ist …

FREIHEITS-TIPP: *Tun Sie was Verrücktes und schlafen Sie einmal wöchentlich mit Ihrer Frau.*

Sie können stolz auf sich sein, denn Sie sind ein wahrer Freiheitskämpfer! Sie haben Ihren eigenen Kopf, sagen immer, was Sie denken, und sind frei von jeglichem Schubladendenken. Dass Sie dadurch keine Freunde haben, ist ein kleiner Nachteil, aber Freiheit hat nun mal ihren Preis. Und den sind Sie bereit ohne Rücksicht auf Verluste zu zahlen! Zumal Sie als Hegdefonds-Manager sowieso genug Schwarzgeld auf der hohen Kante haben.

FREIHEITS-TIPP: *Eröffnen Sie mit Guido Westerwelle eine Herrenboutique in Wuppertal.*

DANK,
IMMER NUR DANK

Dank an Eckart. Ich bin immer wieder überrascht, wie schnell du meine Texte auseinandernimmst. Noch überraschter bin ich, wie schnell du sie wieder zu einem neuen Text zusammenbaust und dem Ganzen eine witzige, unerwartete Drehung gibst. Hab vielen Dank für deine tollen Ideen und Beiträge zu meinem Abendprogramm und zu diesem Buch. Danke besonders für das Vorwort und für viele Cartoonideen (über die privaten Fotos am Anfang müssen wir allerdings noch mal ein ernstes Wort reden ...).

Dank an Susanne. Fürs Beruhigen, Verhandeln, Motivieren, Koordinieren und Den-Laden-am-Laufen-Halten. Danke, dass du bei allem Stress nicht deinen Humor verloren hast und du es immer wieder schaffst, dir trotz siebzehn Terminen und fünf Konferenzen Zeit für ein entspanntes Gespräch zu nehmen.

Dank an Andy. Deine Redaktion ist gnadenlos, aber liebevoll und vor allem eines: klug. Ich entschuldige mich dafür, dass ich dachte, in einem Reihenhaus könne man nicht kreativ sein. Danke auch fürs Nachfahren in die Schweiz. Die letzten acht Wochen waren hart, aber hocheffektiv. Danke für Kritik und Kalbsgeschnetzeltes.

Dank an Esther. Du hast in vielen nächtlichen Sitzungen dem Text wieder mal ein ganz eigenes Gesicht gegeben. *Dank an Sven* für die Zeichnungen der Cartoons.

Dank an das Team von HERBERT Management. Fürs Rückenfreihalten und Geduldhaben. Ihr seid die Besten! Ich weiß, ich war nicht ganz pflegeleicht in den letzten Monaten. *Dank vor allem an euch, Walli und Sarah!*

Dank an Melanie für die Recherche und das Aufstöbern der Interviewpartner. *Dank an Stefan und sein Team* für das Filmen der Interviews.

Dank an Barbara und Julia vom Rowohlt-Verlag. Fürs Verschieben, Lektorieren und Nervenbehalten ...

Dank an alle Interviewpartner. Für die Zeit und die offenen Gespräche, die ich mit allen führen durfte. *Dank vor allem auch an die, die nicht im Buch erwähnt sind:* Verena Bromme, Felix Martin, Uwe Baum, Ulrich Fuchs und Sebastian Wolf.

Dank auch an Alena und Elias. Für Schokopudding und Schiffeversenken. Wenn ich sicher wäre, dass ich so tolle Kinder bekäme wie euch, dann würde ich es mir glatt überlegen ...

HAND- UND FUSSNOTEN

Liebe Wissensdurstige, liebe Weiterleser, liebe Plagiatsjäger,

für dieses Buch habe ich zahlreiche Bücher und Artikel gelesen. Manche davon zitiere ich direkt in meinen Texten, andere dienten lediglich als Inspiration. Eine ausführliche Auflistung aller Quellen finden Sie im Internet auf meiner Homepage www.vince-ebert.de

Wenn Sie, liebe Leser, weitere spannende Links, Bücher und Publikationen zum Thema Freiheit haben, mailen Sie mir einfach. Kostet ja nichts. Und ich freue mich darüber …

FOTONACHWEIS

MEIN LADEN

Rund um die Uhr geöffnet auf www.vince-ebert.de

BESTSELLER!
Denken Sie selbst!
Buch, Rowohlt Taschenbuch Verlag

Denken Sie selbst!
Das Hörbuch

Denken lohnt sich.
Mit 2. CD zum Weiterschenken!

NEU!

*Das Hörbuch
zum Buch!
Voraussichtlich
erhältlich ab
November 2011*

Machen Sie sich frei!
Buch, Rowohlt
Taschenbuch Verlag

Machen Sie sich frei!
Das Hörbuch

FREIHEIT IST ALLES.
Die CD zum aktuellen Programm

Das Erste Aha-Erlebnis
des Abends.

DasErste.de

Wissen vor 8 – Werkstatt

Ab November im Ersten

Das Erste